JN254591

戦後日本の
人口移動と家族変動

丸山洋平 著

文眞堂

まえがき

　2014年11月に，まち・ひと・しごと創生法，いわゆる地方創生法が成立した。各地方自治体はそれぞれの地域人口の特徴を分析し，地方人口ビジョンと地方版総合戦略を策定して少子高齢化対策や人口減少対策を進めている。国が地方創生を始めるきっかけとなった日本創成会議の「ストップ少子化・地方元気戦略」では，東京圏の出生率が低く，そこに人口が集中するために日本全体の少子化がさらに進んでいることが指摘されており，だからこそ少子化対策の視点からも，地方から若者が大都市へ流出する「人の流れ」を変えることが重要であると述べられている。国の「まち・ひと・しごと創生総合戦略」でも，やはり人口減少克服，地方創生のためには，東京一極集中の是正の必要性が掲げられているが，本書を執筆している2017年7月時点で東京圏の転入超過が明確に縮小したり，東京圏の出生率が大きく上昇するような変化は見られていない。

　実際に東京圏の出生率は低いし，地方圏から東京圏への人口流出も続いているから，このように考えることも間違いではないのだろう。ただ，今の日本が置かれている少子化と人口分布との関係は，そのような枠組みでとらえてよいのだろうかという疑問もある。すなわち，人口の東京圏一極集中と東京圏の低出生率との間にはどのような因果関係があるのかという疑問である。少子化の大きな要因が晩婚化・非婚化という結婚行動の変化であることを想起すれば，この疑問は人口移動と結婚・出産といった家族形成行動との関係をどのように捉えるのかということに他ならない。戦後日本を振り返ってみれば，戦後10年程度で合計出生率が4以上から2程度まで急激に低下しているし，1970年代後半以降は出生率が人口置換え水準を下回る状態が続いており，出生率が低い（または低くなる）状態を経験したのは最近だけではない。人口移動も同様，1960年代の高度経済成長期，1980年代のバブル経済期にも東京圏には多くの転入超過が発生していた。こうした点を踏まえれば，人口移動と家族形成

行動との間にはどのような関連性があり，それがどう変化してきたのかを知ることが，最近の少子化と人口移動との関係を理解することに役立つだろうと思われる。

　日本の家族，日本の人口移動に関する研究には非常に多くの蓄積がある。しかしながら，前者は家族社会学等，後者は人口地理学や地域人口学等が主な研究対象とするものであり，家族の変化と人口移動の変化がお互いにどのような影響を及ぼしあっているのか，という領域横断的な研究の蓄積は相対的に少ないといえるだろう。戦後日本において，家族形成行動と人口移動との間にどのような関係性が存在してきたのか，そしてその関係性がどう変化してきたのか。それを明らかにするということが本書の目指したものである。

　本書は，同タイトルの筆者の博士論文（「戦後日本の人口移動と家族変動」慶應義塾大学大学院政策・メディア研究科 平成24年度博士論文）の内容を加筆修正したものである。このまえがきでは地方創生に関する話題から始めているが，博士論文執筆当時には地方創生という言葉は存在していなかったし，本書を執筆するに際しても地方創生に関して特に紙幅を割くことはしなかった。そのため，本書では地方創生を直接的に扱う内容は含まれていないということをあらかじめお断りしておきたい。しかしながら，こうした地方創生等の議論を見るにつけ，家族形成行動と人口移動との関係に着目した自身の博士研究が，日本社会が抱える問題を捉えるための良好な分析枠組みを提供できていたのだろうと思われるし，昨今の少子化や東京一極集中に関連する研究にもささやかな貢献ができたのではないかとも感じているところである。

　本書は4部構成で，全7章から構成されている。「第I部　序論」は，第1章と第2章から構成される。第1章では，研究背景として戦後日本の人口移動の変化と家族変動を概観し，家族形成行動と人口移動との関係という問題意識と研究目的を提示している。第2章では，本論文を通じて重要な視点となる伊藤達也が提唱した潜在的他出者仮説について，詳細な説明を行う。「第II部 直系家族制規範と人口移動との関係」は，戦後日本の家族変動の1つ目の局面である人口転換期における家族形成行動と人口移動との関係について分析しており，第3章と第4章から構成される。この2つの章を通じて，直系家族制規範に基づく家族形成行動を媒介して人口転換が人口移動転換を引き起こしたと

する潜在的他出者仮説の有効性の検証を行っている。第3章では，潜在的他出者仮説の有効性を検証するための指標として，後継ぎ要員の理論値である後継者理論値を作成する。第4章では，後継者理論値と都道府県人口の比である後継者充足率を計算し，都道府県内に後継ぎ要員に相当する人口を確保できているか否かという視点から，潜在的他出者仮説の有効性をコーホート間差異，都道府県の地域的差異に着目して検証する。その分析結果をもとに，潜在的他出者仮説の根幹にある，後継ぎが親と同居・近居するという家族形成行動と人口移動との関係が，どのコーホート，地域において崩れているのかを明らかにする。「第Ⅲ部　少子化と人口移動との関係」は，第二の人口転換としての少子化の局面における家族形成行動と人口移動との関係について分析しており，第5章と第6章から構成される。第5章では，人口転換後の晩婚化世代である1960年代以降のコーホートに着目する。これらのコーホートは第4章にて，潜在的他出者仮説の有効性が弱まっていることが明確に確認できるコーホートであり，そのコーホートの女性の人口移動傾向の変化を分析することを通して，第二の人口転換と第二の人口移動転換との関係という命題を提起している。第6章では，未婚状態で東京圏に流入した女性（未婚流入者）と東京圏出身の女性（東京圏出身者）の未婚率を比較することで両者の結婚行動の違いを分析し，人口移動が少子化にどのような影響を与えているかを明らかにすることを試みる。そして，その結果をもとに，少子化と人口移動との関係を示す新しい枠組みとして「移動晩婚相互作用仮説」を提起している。「第Ⅳ部　結語」では本書の研究を総括し，家族形成行動と人口移動との関係という視点について今後の展開可能性を提示し，まとめとしている。

v

目　　次

まえがき……………………………………………………………………… i

第Ⅰ部　序　　論

第1章　問題意識と着眼点 ……………………………………………… 2

1.1　本書の目指すところ ………………………………………… 2

1.2　戦後日本における大都市圏の転入超過数の推移 …………… 3

1.3　戦後の出生率低下と家族変動 ……………………………… 9

1.4　大きな2つの家族変動と人口移動との関係への着目 ……12

第2章　潜在的他出者仮説 ……………………………………………13

2.1　農村部からの流出人口の特徴 ………………………………13

2.2　日本の家族制度と潜在的他出者 ……………………………14

2.3　潜在的他出者数と地域間人口移動パターンとの関係 ………17

2.4　既往研究における潜在的他出者仮説の扱い ………………18

2.5　潜在的他出者仮説の限界 ……………………………………20

第Ⅱ部　直系家族制規範と人口移動との関係

第3章　後継者理論値の算出 ……………………………………………24

3.1　既往研究における潜在的他出者の把握方法と問題点 …………24

3.2　分析の方針 ……………………………………………………27

3.3　10〜14歳時点の後継ぎの理論値 ……………………………29

3.4　15〜19歳以降の後継ぎの理論値 ……………………………34

vi　目　　次

　3.5　後継ぎの配偶者の理論値 ……………………………………44

　3.6　後継者理論値 …………………………………………………51

第4章　潜在的他出者仮説の有効性の検証……………………………54

　4.1　後継者充足率 …………………………………………………54

　4.2　コーホート別分析結果 ………………………………………55

　4.3　分析結果の考察 ………………………………………………68

　4.4　第Ⅱ部のまとめと考察 ………………………………………78

第Ⅲ部　少子化と人口移動との関係

第5章　第二の人口転換と第二の人口移動転換 ……………………86

　5.1　人口転換後の晩婚化世代の家族形成行動と人口移動 ………86

　5.2　東京圏をめぐる近年の人口移動の大きな変化 ………………88

　5.3　東京圏に流入する女性の結婚行動 …………………………99

第6章　東京圏に居住する女性の未婚率の比較分析 ……………101

　6.1　分類別女性人口の推定 ……………………………………101

　6.2　未婚率の差の推移 …………………………………………112

　6.3　少子化と人口移動との関係 ………………………………114

　6.4　第Ⅲ部のまとめと考察 ……………………………………119

第Ⅳ部　結　　語

第7章　結論と成果，展開可能性 ………………………………124

注　　釈……………………………………………………………129

引用文献……………………………………………………………136

あとがき……………………………………………………………141

第Ⅰ部

序　　論

第1章

問題意識と着眼点

1.1 本書の目指すところ

　日本の出生死亡構造は戦後大きく変化してきた。1950年代半ばに終了する人口転換によって出生率と死亡率が低下し，その後も出生率の低下は続いて，現在進行形で少子化の状態にある。少子化，すなわち人口置換え水準を下回り続ける出生率の低下は第二の人口転換（van de kaa 1987）とも呼ばれ，人口転換に匹敵するほどの構造的で不可逆な変化であるとされている。こうした出生死亡構造の変化は，その背後にある結婚・出産などの家族形成行動の変化を通じて，きょうだい数の減少，核家族化の進行，3世代世帯の減少，単身世帯の増加などの大きな家族変動を引き起こしてきた。そうした家族変動が進む一方で，日本国内の人口移動も大きな変化を経験している。1960年代の高度経済成長期には東京圏，名古屋圏，大阪圏の三大都市圏に非常に多くの転入超過があったが，1970年頃にそれが急速に縮小し，「地方の時代」が叫ばれた。しかし1980年代に入るとバブル経済の中で東京圏の転入超過だけが拡大し，バブル崩壊後の縮小期を過ぎると，再び東京圏の転入超過のみが拡大し，東京圏への一極集中が続いている。

　家族変動は家族社会学等の領域で多くの研究蓄積があり，人口移動の変化については地理学，地域人口学等の領域で研究が進められてきた。しかしながら，この2つの大きな変化がどのように関連しているのかを明らかにする研究，すなわち，学問領域横断的な研究は今に至るまで，それほど多くの成果を上げてきていないように思われる。果たして，家族変動と人口移動の変化は互

いに独立した現象であるのだろうか。それとも家族の形が変わることが人口移動を変化させたり，人口移動の変化が家族のあり方を変化させる要因になっているといったような関連性が存在しているのだろうか。こうした発想が本書の根底にある問題意識である。この問題意識に基づき本書は，家族変動の背後にある家族形成行動の変化と人口移動，特に大都市圏と非大都市圏との間の人口移動の変化との関係に着目し，戦後日本において，それらがどのように関係してきたのか，また，その関係がどのように変化してきたのかを明らかにすることを試みる。そして出生死亡構造の大きな変化である「人口転換」と地域人口移動パターンの大きな変化である「人口移動転換」との関係という分析枠組みを構築し，今後の日本社会における家族の変化と人口移動の変化との関係を捉えるための視点を作り出すことを目指している。

1.2　戦後日本における大都市圏の転入超過数の推移

　こうした研究課題に対し，どのような分析を通じてアプローチすればよいだろうか。それを考えるのに先立ち，戦後日本の人口移動の変化と家族の変化を整理しておこう。まず，人口移動の変化について，大都市圏の転入超過数の推移から考えてみたい。図 1-1 は三大都市圏[1]の転入超過数の推移を示している。戦後日本では非大都市圏から大都市圏への移動が国内人口移動の中心であり，およそ 60 年の間に様々な変化を経験している。それがどのような変化であったのか，それらに対し，人口移動研究はどのように取り組み，議論してきたのか。こうした点について，戦後日本の人口移動の大きな変化である 1950～60 年代の三大都市圏の膨大な転入超過，1970 年頃の人口移動転換，1980 年代の東京圏の転入超過の拡大，1990 年代半ば以降の東京圏の転入超過の拡大という 4 つの局面に着目し，まとめてみたい。

図 1-1　三大都市圏の転入超過数の推移

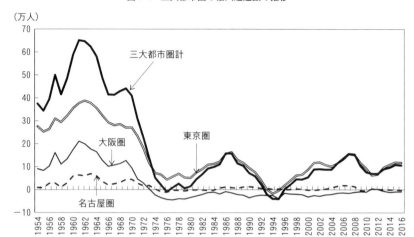

資料：住民基本台帳人口移動報告年報

1.2.1　1950〜60年代の三大都市圏の転入超過

　近代的な意味での人口移動は，産業革命を主な契機とする都市への人口集中から始まった。人口の主要送出地は国内の農村部であり，農家の余剰労働力が就業機会を求めて都市に集まることになった。このような人口移動は，国土の周辺部に位置し豊富な余剰労働力を抱える農村部から，中心部に位置し，工業をはじめとする雇用に恵まれた都市部への移動であった。その結果，農村部から都市部への人口流出によって，特に中心部では大量の転入超過を記録し，都市化が進行するとともに都市圏が拡大することになった（石川 2001）。明治以降の日本でも第二次世界大戦中，戦後直後の時期を除き，国内人口移動の中心は非大都市圏から大都市圏への若年層の移動であり，就学や就職の機会を求める都市への集中であった。1960年代の高度経済成長期には三大都市圏の転入超過は毎年おおよそ40万人を超え，上記のパターンの人口移動がピークを迎えた時期であった。

　これまで大都市圏への人口集中とその変動について数多くの要因分析が行われており，経済変動による説明が有力な理論として認知されている。例えば黒

田（1983）は，好況期には労働力確保のために企業が募集圏を拡大することで遠距離移動が活発になると述べている。また県間移動数の方が，県内移動数よりも経済状況に敏感に反応する性質を持っていることも指摘されている（人口問題審議会編 1984）。人口移動の動向および非大都市圏から大都市圏への労働力の地域間移動等に関する実証的研究では，その説明要因として地域間所得格差，雇用機会等の変数が多く用いられてきた。石川（1994）は重回帰分析によって人口移動要因の分析を行い，所得格差と雇用増加という経済変数がともに有意な変数であり，大都市圏への人口移動に関しては所得格差の方が強く働いていることを明らかにしている。また渡辺（1994）は，1955 年から 1990 年にかけて所得格差や雇用機会といった社会経済的変数と都道府県別純流入率との相関が高いことを明らかにした。田淵（1987）は時系列分析から，地域間所得格差が人口移動の大きな要因であることを指摘している。

1.2.2 1970 年頃の人口移動転換

1960 年代は三大都市圏で非常に大きな転入超過となっていたが，このような人口移動は 1970 年代には大きく異なる様相を呈した。1970 年頃から三大都市圏の転入超過は急激な縮小を始め，1976 年には転出超過という事態になったのである。それまでの転入超過傾向からは考えられない非常に大きな人口移動の変化である。1.2.1 で指摘したように，所得格差や雇用機会が大都市圏への人口集中の主たる説明変数であるという考えは，一貫して支持され，検証されてきている。しかし，これらの変数，特に地域間所得格差では 1970 年代の三大都市圏の転入超過の急激な縮小を説明できないことが明らかとなっている。石川（1994）は，1955 年から 1970 年の 15 年間で移動の規定要因が多様化・複雑化し，所得格差の影響力が低下したことを指摘しているし，渡辺（1994）が示した純流入率と所得格差との相関係数においても，1970 年までは 0.75 以上あったが，1975 年には 0.211，1980 年には 0.100 とほぼ無相関になっている。こうした例からも，1970 年代において地域間所得格差の人口移動の変化への説明力は非常に弱くなっており，この大きな転入超過の縮小を説明することができていない。

6　第 I 部　序　論

　1970 年代の大都市圏の転入超過の急速な縮小は，人口移動パターンの大き
な変化として「人口移動転換[2]」と呼ばれるようになり，多くの地域人口研究
者が注目した。黒田（1970，1976）は，人口移動転換は三大都市圏から非大都
市圏への移動の増加が原因であると指摘した。1955〜65 年は，大都市圏が他
のほとんどの地域に対して巨大な人口吸収地になっており，大都市圏への集中
的移動の段階であったが，1965 年頃からこの人口移動の傾向が変化し始め，
大都市圏への流入の減退および大都市圏から地方への移動の増大[3]，大都市か
ら中小都市への移動の転換，隣接した地方圏間移動の増大というように，人口
移動パターンが多様化していると述べ，人口移動に新しい変化が始まっている
とした。岸本（1981）も，1970 年頃からの転入超過の縮小を大都市への人口
集中の鈍化や，広域中心都市や県庁所在都市への集中が始まった時期と位置づ
けている。石川（1994）も t 検定を用いた分析によって 1970 年ごろに転換点
があったことを指摘している。黒田の見解は，1970 年代初頭に，将来の人口
分布が分散化の方向へ進むか，集中の方向へと進むかという論争を呼んだ。そ
の後 1980 年国勢調査において，1970 年代の後半に東京都のみが人口減少を記
録し，その他の道府県全てで人口が増加したことが明らかとなると，「地方の
時代」という言葉が盛んに用いられるようになった。

　当時は 1970 年代の転入超過の変化の有力な原因を，三大都市圏から非大都
市圏への移動の増加に求める見解が有力で，この劇的な変化を指して「U ター
ン現象」という表現が好んで使用された。しかし，江崎他（1999）が指摘する
ように，「U ターン現象」の正確な把握は難しく，この概念によって新しい事
態の包括的な把握を試みるのは難しい。また，確かにこの時期に人口の地方分
散が起きたことは事実であるが，その後の人口分布の変化を見ると，例えば大
都市圏の人口集中指数には高度経済成長期のような上昇は見られなくなったも
のの，緩やかな上昇傾向は依然として続おり，人口分布は分散化の方向には向
いていないと言わざるを得ないし，過疎地域は過疎のままであるところが大部
分であった（大友 1996）。このような予想と現実の差は，年齢別の移動数に基
づく分析から得られたものではなく，移動総数の変化に基づく見解であったこ
とが原因であったのだろうと思われる。

　こうした点について，人口学的な視点からコーホート規模に着目した分析の

立場があり，河邊（1985）がこの立場を明確にしている。河邊は地域人口学の立場から，基本的な年齢別人口移動パターンは変わっていないと主張した。1950年代後半から1960年代にかけて地方圏から大都市圏へ移動していたベビーブーム世代を含む規模の大きなコーホートが1970年代に帰還移動する時期にかかり，一方でこの時期に大都市圏へ流入するコーホートは出生率の低下によって規模が縮小していたために大都市圏の転入超過が小さくなった。つまり，いずれのコーホートも20〜24歳にかけて大都市圏へ流入し，30代にかけて帰還移動するという傾向に変化はないが，コーホートの規模が異なるために転入超過数に差異が生じたと分析したのである。

　コーホートに着目した人口移動研究には先行する伊藤（1984）がある。伊藤は，日本の家族が直系家族制規範，つまり家の継承や世代の再生産を重視してきたという点から，地方圏の子どもを後継ぎとその配偶者，潜在的他出者に分類している。後継ぎとその配偶者は出身地で親世帯と同居・近居することが期待されるため，進学や就職で大都市圏へ流出しても一時的であるのに対し，潜在的他出者は離家を求められるという直系家族制規範に基づく家族形成行動に着目し，潜在的他出者が非大都市圏から大都市圏へ向かう人口移動の中心になると考えた。そして1950年代半ばに終了する人口転換を通じてきょうだい数が減少し，1970年代に移動率が高くなるコーホートで潜在的他出者の規模が大幅に縮小したために，この時期に移動率の低下と地域移動パターンの変化が生じたと分析している。この仮説は潜在的他出者仮説とされ，家族形成行動と人口移動との関係に着目し，人口転換が人口移動転換を引き起こすという関係を提示するものであった。

　大江（1995）は地域人口移動について，伊藤と河邊のようにコーホート規模に着目した見解を「コーホート要因説」，移動要因を経済変数に求める見解を「経済的要因説」と分類している。人口移動が将来の人口分布に与える影響を考えるためには，年齢別の人口移動と，過去の出生力の変化による出生コーホート人口の規模の違い，移動方向による流出年齢と流入年齢の違いを考慮に入れた分析が必要となるということを指摘している点で，コーホート要因説は，わが国の人口移動研究に新たな視点を提供したと言える。

8　第Ⅰ部　序　論

1.2.3　1980年代の東京圏の転入超過の拡大

　1970年頃の人口移動転換は大きな衝撃であり，三大都市圏の転入超過は縮小したままで推移するだろうと予想されたが，1980年代に入ると変化が起こった。名古屋圏と大阪圏では，1970年代後半の水準がその後現在に至るまで継続するのに対し，東京圏の転入超過は1980年代初頭から徐々に拡大した。この結果，三大都市圏全体の転入超過は，ほとんど東京圏の動向によって決定されることとなった。しかし，大都市圏の内部をより詳細に見ると，名古屋圏と大阪圏の内部でも，1980年代後半に大きな転入超過を示す市が少なくなかった（磯田 1995）。また純移動の変化から見ても，1980年代の人口回復傾向が観察されている（石川 2001）。こうした見解はあるが，1970年代まで同様の転入超過傾向を示してきた三大都市圏の人口移動は，1980年代に入って東京圏とそれ以外の2つの大都市圏の間で異なる傾向をみせることになった。

　1970年頃の人口移動転換を説明し得た伊藤の潜在的他出者仮説であるが，もし人口転換によるきょうだい数の減少が，非大都市圏から大都市圏への移動を減少させるのであれば，1980年代に入っても東京圏の転入超過は拡大しないはずである。しかし，現実には東京圏の転入超過は拡大しており，伊藤が考えていたような直系家族制規範と人口移動との関係がなくなり，潜在的他出者以上に人口が流出する状況になっている可能性がある。こうした問題点があるものの，潜在的他出者仮説を検証した研究は非常に少なく，伊藤に続く形で移動者の家族属性と人口移動との関係を捉えようとする研究も十分になされてはこなかった。

1.2.4　1990年代半ば以降の東京圏の転入超過の拡大

　1980年代の東京圏の転入超過の拡大はバブル崩壊を経て縮小に転じ，1994年には初めて転出超過を記録した。しかし，1990年代半ば以降になると再び東京圏のみ転入超過が拡大することとなり，現在に至るまで概ねこの傾向が続いている。2000年代前半に東京圏の転入超過はバブル期とほぼ同水準にまで

達し，その後リーマンショックの影響を受けてやや縮小するものの，2016年時点で再びバブル期の水準を目指す動きを見せている。しかし1990年代後半以降は，バブル経済期のような東京圏での雇用拡大が強く見られるわけではなく，むしろ就職氷河期ともいえる時期であり，その転入超過の拡大は全般的な雇用拡大を背景とするものではないようである。中川（2005）は移動者の学歴から近年の東京圏をめぐる人口移動を分析し，1990年代半ば以降の東京圏の転入超過の拡大は，過去2回（1960年代の高度経済成長期，1980年代のバブル経済期）に比べて移動者に占める女性の割合が上昇し，特に高学歴女性の東京圏への選択的移動が顕在化してきたことを指摘している。その変化の要因として，サービス経済化が進展し，東京圏の求める労働力が高学歴層に移行したこと，特に高学歴女性の雇用機会が東京圏に集中していることの影響が大きいと述べており，移動者の社会経済的属性が人口移動に寄与する可能性を指摘している。また，この時期の東京圏の転入超過の拡大には転出数の減少が大きく寄与しており，大都市圏全体では特に女性の転入者の残留傾向が強まっているという指摘（清水 2010）や，女性の方が男性よりUターン等の還流移動率が低いといった報告もある（国立社会保障・人口問題研究所 2006）。

　以上のように戦後日本には大きな人口移動の変化があり，経済的な要因が有力な説明変数とされてきたが，一方でコーホート規模や家族属性などが人口移動の変化を考える上で新しい視点を提供してきた。さらに最近では，女性の移動が大きく表れるようになっており，移動者の性別構造にも変化が見られるようになっている。

1.3　戦後の出生率低下と家族変動

　人口移動が大きな変化を経験する一方で，戦後日本の出生率はほぼ一貫した低下傾向にあった。図1-2は戦前も含め，日本の合計出生率と人口置換え水準の推移を示している。

　出生率低下の背景要因を考えるには，まず人口転換理論を用いるのがよいだろう。これは近代化による経済，社会の発展とともに出生率・死亡率が低下す

10 　第 I 部　序　論

図 1-2　日本の合計出生率と人口置換え水準の推移

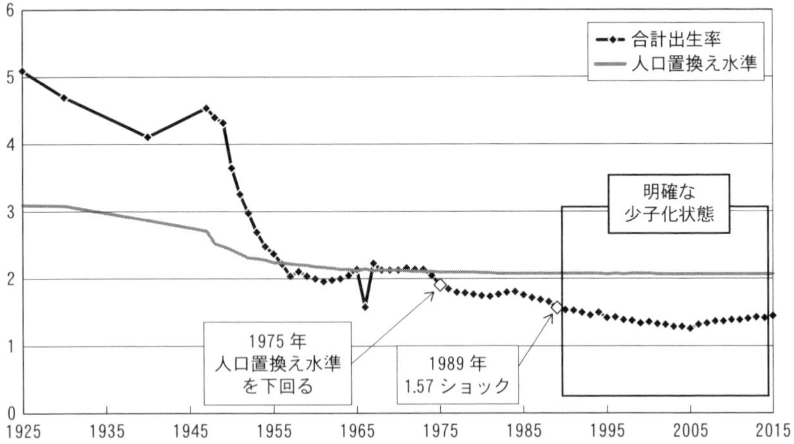

資料：国立社会保障・人口問題研究所（2017）「人口統計資料集（2017 改訂版）」

るという経験的な理論である。まず前近代では高死亡率，高出生率である多産多死状態であり，人口増加は小さい。経済発展に伴ってまず死亡率が低下し，多産少死状態となって人口増加が著しく大きくなる。その後，都市化・工業化のような近代化の進展に伴って出生率が低下し，低死亡率・低出生率である少産少死状態となって人口増加が再び小さくなる，というものであった（高橋 2010）。日本の場合，第 2 次大戦後のベビーブーム世代の出生後，10 年も経たずに合計出生率は 4 以上から 2 程度まで急激に低下している。この時期に多産少死から少産少死への移行があり，日本の人口転換は 1950 年代前半に終了したといえる。この出生率低下は，1948 年制定の優生保護法による人工妊娠中絶の実質的合法化，都市人口増加に伴う子どもの経済的価値の低下と養育費の増加等を背景としたものであり，平均きょうだい数の減少として表出していた。すなわち，皆婚規範を維持しつつ，1 人の女性が一生に産む子ども数の減少であり，それが 1960 年代の小規模核家族世帯の増加へとつながっていった。

　皆が結婚するが，産む子どもの数が減るという家族形成行動の変化と人口移動との関係を考えるには，1.2.2 で提示した伊藤（1984）の潜在的他出者仮説を用いるのがよいだろう。すなわち，平均きょうだい数の減少が，後継ぎが親

と同居・近居するという直系家族制規範に基づく家族形成行動により生じる潜在的他出者の量のコーホート間差異を生じさせ，それが非大都市圏と大都市圏の間の人口移動を変化させるということである。後述するように仮説の有効性が十分に検証されていないという課題は残されているが，潜在的他出者仮説の考えが一定の説得性をもって，この時期の人口移動と家族形成との関係を示している。

　人口転換理論では，少産少死世代になると出生率の低下は止まり，安定して推移すると考えられていた。日本でも人口転換が終了する1950年代半ばから1970年代初頭までは丙午の1966年を除いて，合計出生率はおおよそ人口置換え水準と同程度を維持していた。しかし，1975年から合計出生率は人口置換え水準を下回り，1989年には1.57ショックがあり，1990年頃から日本社会は明確な少子化状態に陥っている。岩澤（2002）によると，合計出生率が2を超えていた1970年代から2000年までの出生率低下に対する寄与は，結婚行動の変化が7割，出産行動の変化が3割であった。また，合計出生率の要因分解において有配偶出生率は上昇し，出生率の低下は専ら有配偶率の低下によることも示されており（国立社会保障・人口問題研究所 2012），晩婚化や非婚化という家族形成行動の変化が少子化の大きな要因になっている。晩婚化に着目すると，1960年前後に生まれた女性コーホートを境に出生率低下メカニズムは一時的低下型から実質的低下型へと移行し（金子 2004），これらの世代から晩婚化が明瞭になっている（大淵 2004）。つまり，1960年代以降のコーホートの晩婚化，すなわち結婚を遅らせる，家族形成を回避するといった行動が少子化を引き起こしているということである。

　晩婚化の結果として少子化になっているということに対し，人口移動はどのように関係しているのだろうか。1.2.3でも指摘したように，平均きょうだい数が2人程度で安定しているにも関わらず，1980年代以降に東京圏の転入超過が拡大しているため，潜在的他出者が人口移動の中心になるとした枠組みは成立していないように思われる。つまり，少子化の背後にある晩婚化という家族形成行動と人口移動との関係は，伊藤が想定していたような関係性とは異なったものになっているということである。そのため，近年の人口移動と少子化の動向をより深く理解するためには，少子化の局面における家族形成行動と

12　第 I 部　序　論

人口移動との関係を捉えるための新しい分析枠組みを必要とする状況になっているのではないか，という問題意識を持つに至るのである。

1.4　大きな 2 つの家族変動と人口移動との関係への着目

　こうした背景や問題意識を踏まえ，本書では戦後日本の家族変動の大きな 2 つの局面に着目し，その変動の中で家族形成行動と人口移動がどのように関係し，その関係がどのように変化してきたのかを明らかにすることを試みる。

　1 つ目の局面は，戦後の家族の小規模化，つまり，きょうだい数の減少という人口転換の局面である。ここでは，伊藤（1984）の潜在的他出者仮説の有効性を詳細に検証する。人口転換が人口移動転換を引き起こすとしたこの仮説をコーホート間差異，地域的差異，親世代の移動と死亡などに着目して精緻化し，分析する。その分析結果をもとに，直系家族制規範に基づく家族形成行動と人口移動との関係が，いつ，どこで，どのように存在していたのか，また，どのように弱まっていったのかを明らかにする。

　2 つ目の局面は，晩婚化，結果としての少子化である第二の人口転換の局面である。ここでは，1960 年代以降のコーホートの結婚行動と 1990 年代半ば以降の東京圏の転入超過の拡大との関係を第二の人口転換と第二の人口移動転換との関係として捉え，少子化と人口移動との関係への接近を試みる。東京圏に居住する女性に関して，出身地や移動経験によって結婚行動に違いがあるのかどうかを分析し，晩婚化や少子化に対して人口移動がどのように関係しているのかという点を探索的に検討する。最終的に少子化の局面における家族形成行動と人口移動との関係を示す新しい分析枠組みの提起を試みる。

第2章

潜在的他出者仮説

2.1 農村部からの流出人口の特徴

　本章では，本研究の重要な分析視角となる潜在的他出者仮説について，その内容をより詳細にまとめてみたい。第1章でも指摘したように，人口移動の変化に関する実証的研究では，その説明変数として1人当たり県民所得や有効求人倍率の地域差といった経済的要因が注目されてきた。その一方で，移動者の供給側の条件や農村部からの流出人口の特徴について，家族制度あるいは家の継承との関係から分析する研究も見られる。野尻（1947）は，農民離村と農家労働力の移動との関係について，東北，北陸，関東の20村で事例調査を行っている（調査は1937年から1940年にかけて実施）。そして，長男の離村率は次三男よりも低いが，帰村率は長男の方が次三男よりも明らかに大きいことを踏まえ，長男の離村は一時的かつ回帰的な不完全離村であるのに対し，次三男の離村は完全離村・非回帰的移動であることを明らかにしている。富田（1982）は，1981年に秋田県と長野県それぞれの1集落での人口移動を調査し，戦後でも後継ぎ予定者の転出率は，そうでない者の転出率よりも低く，両者の間に大きな差が見られることを指摘している。こうした事例研究に加え，既存の統計データを用いた研究もある。本多（1950）は，1873年から第2次大戦期まで農家戸数が550万前後，農林業就業人口が1400万人でほとんど変化していない点に着目し，農家の余剰労働力に相当する人口が離農させられ，その大部分が離村していることを指摘している。また山口（1979）は，1960年から1964年にかけての大都市圏の転入超過，1970年代の転出入の均衡状態，U

14　第 I 部　序　論

ターン移動の増加傾向を説明するに当たって，出生率低下，地域人口再生産
（家継承）および移動の理由の 3 つの要因を相互に関連させることを試みてお
り，1960 年代と 1970 年代では，農村からの若年移動者の量と性格が異なると
述べている。

　伊藤（1984）はこうした議論を踏まえ，人口移動の変化は単に経済変動によ
る説明だけでは十分でなく，人口転換による年齢構造の変化がもたらす移動率
の高い年齢のコーホート規模の変化，家族制度あるいは地域人口再生産に規定
された人口移動の供給条件についても検討する必要があると述べている。同論
文にて提起されている潜在的他出者仮説とは，山口のアイデアを伊藤が人口学
と家族社会学の視点から整理した人口移動仮説であり，所得や雇用機会といっ
た経済的要因の地域的差異だけでなく，移動者の家族属性という人口学的要因
が人口移動の変化に影響を及ぼしているという考えを示したものである。

2.2　日本の家族制度と潜在的他出者

　伊藤は，我が国の人口移動率が 1960 年代前半に上昇して 1974 年以降に低下
傾向となった点，非大都市圏から大都市圏への移動数が 1970 年代に減少傾向
に転じた点，1970 年代に 15〜29 歳の県間移動率が低下した点に疑問を持ち，
それらを人口転換に伴う年齢構造の変化と，家族制度という人口移動の供給側
の要因によって解明しようと試みた。

　伊藤は，日本の家族制度が世帯の再生産や家の継承を中心としてきたように
見られる点を考慮し，同じ年齢であっても性別，出生順位等の属性によって移
動率が異なる点に着目して非大都市圏の子どもを 3 つの潜在的移動属性に分類
した。その属性とは後継ぎ，後継ぎの配偶者，潜在的他出者である[1]。「後継
ぎ」となる子どもは，成人すれば親と同居あるいは近居することが期待されて
おり，その移動率は後継ぎ以外の子どもに比べて小さく，進学や就職によって
移動したとしても一時的なものとなる。その数は親の数あるいは継承する世帯
数に対応している。「後継ぎの配偶者」となる子どもは，少なくとも生涯に一
度，結婚による移動をするが，その移動距離は短い場合が多く，人口移動に対

する経済変動の影響は小さいと考えられる。その数は後継ぎとなる子どもの数に対応している。「潜在的他出者」となる子どもは，後継ぎとその配偶者となる子ども以外の者を指しており，農村社会の余剰労働力であるために他地域への流出が求められる。その流出先は主に県外，特に大都市圏であり，経済変動に伴う雇用機会や労働需要に左右される。

ここで後継ぎとその配偶者をまとめて，「後継ぎ要員」と呼ぶこととしよう。後継ぎ要員は大都市圏への移動が少なく，進学や就職で流出したとしても一時的なものであり，その多くが出身地へUターンする。それに対し，潜在的他出者は非大都市圏から大都市圏へ流出し，そのまま居住し続ける傾向が強いため，非大都市圏から大都市圏への人口移動の中心を担っている（図2-1）[2]。

親から見た潜在的他出者とは，後継ぎ要員以外の成人した子どもであり，伊藤はその数を「成人子ども数−2」と定義している。定数2は後継ぎ要員である。これをもとに年齢別移動率を考えると，その値は常に同じではなく，コーホートの平均成人子ども数によって変化する。すなわち，きょうだい数の多いコーホートは潜在的他出者の割合が大きくなるので移動率が高く，きょうだい数の少ないコーホートは後継ぎ要員の割合が大きくなるので潜在的他出者の割

図2-1 潜在的移動属性と移動傾向

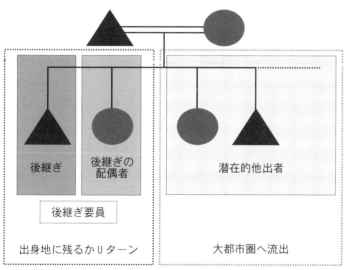

16　第Ⅰ部　序　論

合が小さくなり，移動率が低くなるということである。

　潜在的他出者の数は成人時のきょうだい数に規定されるため，1夫婦当たりの潜在的他出者数は過去の出生率と成人時までの死亡率の変化，すなわち人口転換に大きく左右されることになる。伊藤は親から見た平均出生児数[3]と子どものコーホート別生残率から3つの世代区分を提示している（表2-1）。1925年以前に出生した多産多死世代，1925〜50年に出生した多産少死世代，1950年以降に出生した少産少死世代である。そして潜在的他出者が人口移動の中心であり，その相対的な量がコーホート別移動率の大きさに結びついているという考えのもと，1夫婦当たり子ども数に占める潜在的他出者の割合を「生涯他出率」と表現している。つまり，ある家族の中で見られるミクロな人口移動のパターンが，マクロな人口移動でも成立するという視点であり，生涯他出率は成人子ども数 n 人に対して $\frac{n-2}{n}$ と計算される（定数2は後継ぎ要員）。

　多産多死世代の子どもの親は平均して5人の子どもを産み，その半分が成人するので，1夫婦当たりの成人子ども数は2.5人になる。ここから後継ぎ要員を除くと潜在的他出者は0.5人であり，生涯他出率は20％となる。多産少死世代の子どもの親は平均して2.3〜4.8人の子どもを産み，成人するまでに約1人の子どもが死亡するため，1夫婦当たりの成人子ども数は約3人となる。潜在的他出者は1人で，生涯他出率は33％となり，多産多死世代よりも上昇している。少産少死世代の子どもは成人時に2人であるため，潜在的他出者がほとんど存在しないことになり，生涯他出率は0％となる。こうした潜在的他出者数と生涯他出率の世代による変化が大都市圏の転入超過数の変化の要因であると，伊藤は考えた。

表2-1　1夫婦当たり成人子ども数と潜在的他出者数から見た世代区分

子どもの出生期間	世代の性格	親から見た平均出生数	コーホート生残率（男40歳まで）	成人子ども数	潜在的他出者数	生涯他出率
1925年以前	多産多死	5人	約50％	2.5人	0.5人	20％
1925〜50年	多産少死	2.3〜4.8人	約70〜80％	約3人	1人	33％
1950年以降	少産少死	2.2人	約95％	2人	0人	0％

資料：伊藤（1984）をもとに筆者作成

2.3 潜在的他出者数と地域間人口移動パターンとの関係

　少産少死世代において潜在的他出者数が 0 人になるという点について，伊藤はマクロレベルでも確認している[4]。それによると，1920 年から 1955 年にかけて潜在的他出者数は 300 万人から 400 万人へと緩やかに増加していたが，1960 年に 500 万人に急増し，その後急減して 1970 年以降はほぼ 0 人になっている。この結果から伊藤は，1960 年代に急増した潜在的他出者が 1960 年代の移動率を上昇させ，その後の潜在的他出者の急減が 1970 年代の移動率低下をもたらしたと考えた。すなわち，1）きょうだい数の多い多産少死世代の膨大な潜在的他出者数によって 1960 年代に大都市圏の転入超過数が非常に大きくなり，2）1950 年代半ばに終了した人口転換（多産少死から少産少死への変化）によってきょうだい数が減少し，潜在的他出者の規模が縮小したため，少産少死世代である 1950 年代生まれが移動率の高い年齢に達する 1970 年代に大都市圏への転入数が少なくなり，3）同時期に非大都市圏へ U ターンするのは 1960年代の大都市圏の転入超過の拡大を牽引した多産少死世代であり，大都市圏からの転出数は増加するため，1970 年前後に 3 大都市圏の転入超過数が急速に縮小する人口移動転換が引き起こされたということである。

　このように大都市圏へ転入するコーホートとそこから転出するコーホートの規模の違いに加え，各コーホートの潜在的他出者の割合の違いが地域人口移動パターンの変化を生じさせたというのが，潜在的他出者仮説の考えである（図2-2）。潜在的他出者仮説は，後継ぎが親元に残って家を継承し，潜在的他出者が離家するという，直系家族制規範に基づく家族形成行動を媒介にして人口移動の変化を説明する仮説である。そして人口転換による出生率の低下が一定のタイムラグをもって人口移動を変化させる基底的な要因になったという指摘，すなわち「人口転換が人口移動転換を引き起こす」という枠組みの提起は，人口移動の変化の要因を経済的変数のような外的なものではなく，人口の内部変数に求めたという点で新しい視点を提供するものであった。

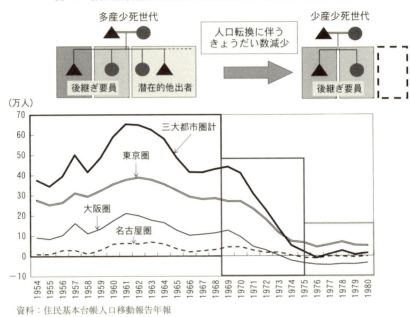

図 2-2 潜在的他出者数の変化と三大都市圏の転入超過数の変化との関係

資料：住民基本台帳人口移動報告年報

2.4 既往研究における潜在的他出者仮説の扱い

　潜在的他出者仮説あるいは潜在的他出者という概念を支持し，分析や考察に用いる研究は数多く見られる。その一部を紹介しておこう。江崎（2002）は，少子化の進行によって長男・長女の比率が高まり，潜在的他出者が大幅に減少することによって1990年以降の人口移動が不活発になったことを示唆している。井上（2002）は，人口移動転換を累積純移動比という指標から分析している。そのなかで潜在的他出者仮説において平均きょうだい数と生涯他出率が密接に関係している点に着目し，純移動に対するモビリティ効果の変化の長期的要因が，平均きょうだい数の変化によってほぼ説明できることを明らかにしている。谷（2002）は，名古屋市郊外の高蔵寺ニュータウンで1995年にアンケート調査を行い，地方圏から流入した夫のほとんどが親と同居していない

が，きょうだいのうち誰かが親と一緒に住んでおり，親と同居できない潜在的他出者の流入によって大都市圏の郊外化が進んだことを指摘している。溝口（2002）は，潜在的他出者の概念から将来的に親の土地や住宅を相続する子女を「潜在的相続者」と呼び，きょうだい数の減少による長男・長女化の進行から，1950年代コーホート以降に相続による持家取得割合が急激に上昇した現象を説明している。また落合（2004）は，潜在的他出者仮説を1つの論拠として，戦後の小規模核家族世帯の増加は，きょうだい数が多いという人口学条件によって，親と同居できない子どもが核家族世帯を形成せざるを得なかったことが原因であるとし，家族規範に関する論争において，直系家族制規範に決定的な変化は起こっていないという立場をとっている。

　その一方で，潜在的他出者仮説の有効性について疑問を呈する研究もある。河邉（1985）は，平均きょうだい数の減少によって潜在的他出者数が減少しても地域別累積純移動率はゼロになっておらず，後継ぎ要員も流出していることを指摘している。石川（1994）は，1970年代の非大都市圏から大都市圏への人口移動の減少が出生力転換の結果としてのコーホート規模の縮小によるという考えは支持しているが，その背後で大都市圏と非大都市圏の労働力市場の需給バランス格差が急速に縮小していたことを明らかにしている。伊藤薫（1990）も，人口移動による年齢構造の重要性を認識しつつも，地域間所得格差が人口移動に与える影響は強いと述べている。中川（2010）は1920～30年代の人口移動に関して，潜在的他出者数も確かに重要であるが，統計的には県別の所得水準が他の指標と比較して圧倒的に強い影響を純移動に及ぼしていたことを明らかにしている。大江（1995）は，東京圏の1940年代コーホートと1950年代コーホートのコーホート・シェアを比較し，いずれのコーホートも20～24歳で東京圏に30％程度集中しており，10～14歳からのシェア上昇もほぼ同程度であることから，少産少死世代の新しいコーホートほど，東京圏外からの流出ポテンシャルが低下しているという結論は下せないとしている。

2.5 潜在的他出者仮説の限界

　伊藤は1970年以降,非大都市圏の潜在的他出者が極めて少なくなることから,人口流出地域が家の継承を維持するためには人口のUターンが必要であり,三大都市圏と非大都市圏との間の人口移動が均衡しなくてはならないと考え,「三大都市圏と非大都市圏の人口移動が1970年以降均衡していることは,日本社会が家の継承・人口再生産の維持をその社会の基本的前提条件としていることに変わりないことを示している」と述べている[5]。しかし,1980年以降の人口移動を見ると,三大都市圏と非大都市圏との間の人口移動が均衡していたのは1975年から1980年という限られた期間に過ぎず,1980年代と1990年代半ば以降には東京圏で転入超過が拡大している(図2-3)。伊藤の論文は1984年に公表されており,基本的に1980年国勢調査までのデータを用いてい

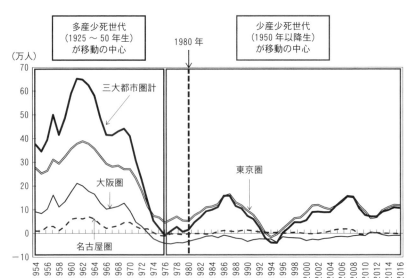

図2-3　少産少死世代の移動による東京圏の転入超過数の拡大

資料:住民基本台帳人口移動報告年報

る。これは1951〜55年コーホートが25〜29歳になるタイミングが最新の情報となるということであり，1980年以降の人口移動の変化は考慮されていない。

　確かに大都市圏の転入超過の水準を見ると，1980年代以降は1960年代の3分の1にも満たない程度であり，潜在的他出者仮説は人口移動の変化をマクロに説明することには成功していると見てもよいだろう。しかし1980年以降，人口移動の中心となるのが少産少死世代となり，潜在的他出者数が限りなくゼロに近くなっているにもかかわらず，実際には東京圏の転入超過数が拡大しているということは，伊藤が考えていたものとは異なる人口移動パターンが存在している可能性がある。つまり，きょうだいのうち誰かが親元に残り，潜在的他出者が流出するという直系家族制規範に基づく家族形成行動がとられなくなったということであり，後継ぎ要員も非大都市圏から大都市圏（特に東京圏）へ流出したままＵターンしなくなっているということである。また，人口移動転換終了後のわずか10年後にきょうだい数の減少では説明できない状況が生じていることを考えると，潜在的他出者仮説によって説明したかに見える時期の人口移動も，コーホートや地域によっては潜在的他出者を超えて，後継ぎ要員も流出していた可能性がある。このことは潜在的他出者仮説には何らかの限界があり，必ずしも有効な仮説として機能していないことを示唆している。その点において，潜在的他出者仮説の有効性には再検証すべき余地がある。

　こうした課題があるものの，これまで潜在的他出者仮説の有効性は十分に検証されてきては来なかった。そのため，直系家族制規範に基づく家族形成行動と人口移動との関係が，どの世代まで存在していたのかが明らかにされていない。本書の第Ⅱ部（第3章と第4章）では，コーホート間差異，地域的差異，親世代の移動と死亡を考慮して潜在的他出者仮説の有効性を検証し，潜在的他出者を超えた人口移動が発生していたのかどうか，発生していたのならば，いつ，どこで，どの程度発生していたのかを明らかにすることを試みる。そして，その分析結果をもとに第Ⅲ部（第5章と第6章）では，新しい世代の家族形成行動が人口移動とどのように関係しているのかという点について，少子化と東京圏の転入超過の拡大との関係性を探索的に検討することに取り組みたい。

第Ⅱ部

直系家族制規範と人口移動との関係

第3章

後継者理論値の算出

本章では潜在的他出者仮説を検証するに当たり，既往研究において潜在的他出者数および流出ポテンシャルがどのように捉えられてきたのかを概観し，その問題点を整理した上で，より精緻な分析をするための指標である後継者理論値の算出方法を説明する。

3.1　既往研究における潜在的他出者の把握方法と問題点

第2章で述べたように，伊藤（1984）は成人子ども数 n 人について，生涯他出率を $\frac{n-2}{n}$ と計算している。そして，それを1925年以前出生の多産多死世代，1925〜50年出生の多産少死世代，1950年以降出生の少産少死世代の3世代分類で比較することで，人口転換による生涯他出率の変化を捉えようとした。しかし，この生涯他出率 $\frac{n-2}{n}$ では，後述するようにきょうだいの出生順位属性の分布が考慮されていない。それに加えて，25年コーホートのような世代分類では，人口転換による出生と死亡の変化が人口移動に与えた影響を観測するには，期間が長すぎて適していないという課題がある。また，伊藤は親子の年齢関係を30歳と設定して潜在的他出者数を算出している（第2章注釈4））。中川（2010）は戦前の人口移動が中心であるが，潜在的他出者数を示す指標として既婚女性比を用いており，母親に相当する女性は子どもが10〜14歳の時の35〜44歳女性とし，やはり親子の年齢差を30歳前後として捉えている。しかし，人口動態統計によると，各年の出生数のうち母親が25〜34歳である割合は，1940年は55.9％，1950年は55.2％，1960年は65.1％，1970

年は 67.7 ％に過ぎず，出産行動はより広範な年齢で行われていることがわかる。親子の年齢差が 30 歳前後であるという認識は誤ったものではなく，それによって潜在的他出者のおおよその数を簡便に把握することができるものの，正確さを欠いている恐れがある。潜在的他出者仮説の有効性を詳細に検証するという立場の本書では，より精緻に分析できるような潜在的他出者の把握方法を考えてみたい。

　潜在的他出者仮説を検証するという視点の研究はあまり多くない。そのうちの 1 つである河邉（1985）が採用した分析方法を見てみよう。河邉は，親から見た子どものきょうだい数を用いて，その中の 2 人（後継ぎとその配偶者）が地域に留まり，残りのきょうだいが流出することを想定し，その流出するきょうだい数がきょうだい成員に占める割合を流出ポテンシャルと定義した。これは実質的に伊藤の生涯他出者と同義の指標であり，親から見たきょうだい数 n 人について，やはり $\frac{n-2}{n}$ として計算される。河邉の分析が伊藤と異なるのは，5 年コーホート別に都道府県間の比較を行っている点である。河邉は新しいコーホートほど非大都市圏の累積純移動率[1]がゼロに近づく点に着目し，コーホート別の流出ポテンシャルとの比較，すなわち実際の人口移動の結果と潜在的他出者仮説のもとで想定される人口移動との比較によって，同仮説の有効性の検証を試みている。その結果から，地方中核都市を有する道県の周辺では，流出ポテンシャル以上の人口流出が生じていることを明らかにした。潜在的他出者仮説の有効性には限界があるということを指摘している点で有力な知見を提供する研究であるが，河邉は分析に使用したきょうだい数，流出ポテンシャルの推計方法に改善が必要であることも認めている[2]。

　ここで改めて流出ポテンシャルを「任意のコーホート人口に占める潜在的他出者の割合」と定義しよう。本書では潜在的他出者仮説の有効性について，コーホートによる違いと地域による違いを明らかにすべく，河邉の研究と同様に 5 年コーホート別・都道府県別に分析したい。潜在的他出者仮説の有効性を検証するには，後継ぎ要員（後継ぎとその配偶者）と潜在的他出者それぞれの数を把握して流出ポテンシャルを算出し，実際の移動数や移動率と比較するというのが正統的な方法であろう。伊藤や河邉は，潜在的他出者数を簡便に把握するためにきょうだい数 n 人に対して $\frac{n-2}{n}$ を流出ポテンシャルとするとい

う方法をとったといえる。

　ところで，このnという数はコーホート別平均きょうだい数であり，個人が帰属するきょうだい数の平均値であることに注意する必要がある。つまり，「あなたは何人きょうだいですか？」という質問に対する答えのコーホート別平均値である。人は皆，きょうだいに関する属性として，きょうだい数と出生順位属性を持つ。任意のコーホートにおける個人の帰属きょうだい成員全員が同一コーホートで出生しているとは限らず，また出生時の出生順位別割合は年によって一様ではない[3]。$\frac{n-2}{n}$ として得られる流出ポテンシャルは，帰属きょうだい数の平均値のみで計算されているということであり，出生順位属性の分布を考慮していないため，正確に後継ぎ要員と潜在的他出者の数を把握した結果として得られる本来の流出ポテンシャルとは異なる値となる恐れがある。例えば，ある5年コーホートの平均きょうだい数が4人であるとき，$\frac{n-2}{n}$ で得られる流出ポテンシャルは50％である。このとき分析対象コーホートが，このきょうだい成員全員のみで構成されていれば，本来の流出ポテンシャルは $\frac{n-2}{n}$ と同様に50％となる。しかし，もし後継ぎ要員に相当する長男等が先行するコーホートに属し，潜在的他出者に相当する次三男等のみで当該コーホートが構成されていれば，本来の流出ポテンシャルは100％となるし，その反対に後継ぎ要員のみで構成されるコーホートであれば0％となる。現実にはこのような極端な状況にはなっていないが，出生年による出生順位属性の分布の違いにより，実際のコーホート別流出ポテンシャルは $\frac{n-2}{n}$ とは異なる値となる可能性がある。帰属きょうだい成員の出生タイミングが複数のコーホートをまたがるという現象は，コーホートの期間が短いほど起こりやすく，きょうだい数が多いほど起こりやすい。伊藤が設定していた3世代分類（1925年以前出生，1925〜50年出生，1950年以降出生）ではそれぞれの期間が長く，世代区分をまたいで出生するきょうだい組数が相対的に少なくなるため，結果的に出生順位属性の問題をかなりの程度回避できていたものと推察される。しかし，5年コーホートで分析する場合には，この出生順位の問題を解決する必要がある。

　また，流出ポテンシャルを $\frac{n-2}{n}$ とする既往研究のモデルは，性別の違いを考慮していないということも大きな問題である。男女の移動傾向には，男性

の方が就業や進学を目的とした長距離の移動が多いことや，女性では結婚を目的とした短距離の移動が多いとされ，直系家族制規範に基づく家族形成行動から期待される移動のあり方にも男女差があると想定される。したがって，後継ぎと潜在的他出者の移動を分析する際には，性別の考慮も重要な要素となる。

3.2　分析の方針

　潜在的他出者仮説の有効性を詳細に検証するには，後継ぎ要員であるか，潜在的他出者であるかという潜在的移動属性別人口をできる限り正確に 5 年コーホート別，性別，都道府県別に把握する必要がある。本章では既往研究のように平均きょうだい数 n 人について $\frac{n-2}{n}$ から流出ポテンシャルを推測するという方法ではなく，後継ぎ要員の規模に着目する方法を考えたい。

　第 2 章でも述べたように，日本には家の継承や相続について様々な形態があり，それぞれに後継ぎ要員となる者の属性が異なっている（第 2 章注釈 1)）が，本章では伊藤の考えに倣って長子相続を想定し，後継ぎは長男，またはきょうだいが女のみの場合には長女がなると考えよう。そうすると後継ぎ要員は，「長男」と「長男の配偶者となる女性」，「女のみきょうだい長女」と「女のみきょうだい長女の配偶者となる男性」の 4 つに分類される。このとき男性の後継ぎ要員は，長男と女のみきょうだい長女の配偶者となる男性の合計，女性の後継ぎ要員は，女のみきょうだい長女と長男の配偶者となる女性の合計であり，長男と女のみきょうだい長女が結婚することはないと考える。この後継ぎ要員の理論値を「後継者理論値」と命名しよう。後継者理論値を性別，コーホート別，年齢別，都道府県別に算出し，各時点の国勢調査人口と比較したとき，国勢調査人口が後継者理論値を上回っていれば，直系家族制規範に基づく家族形成に必要な後継ぎ要員に相当する人口が都道府県内に確保されていると判断できる。すなわち，潜在的他出者仮説が成立する状況にあるということである。このようにして潜在的他出者仮説の有効性を性別，コーホート別，都道府県別に捉えようというのが本書の分析方針である。次節以降，後継者理論値の算出プロセスを解説する。そのフローチャートは図 3-1 のようになる。な

図 3-1 後継者理論値算出フローチャート

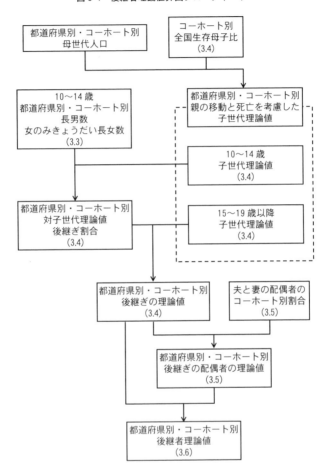

お，人口動態統計から出生数を把握しているが，沖縄県は1972年以降しかデータを得ることができないため，分析対象から除いている。そのため本文中の全国値は，特に断りがない限り沖縄県を除いた値となっている。

3.3 10～14歳時点の後継ぎの理論値

後継者理論値を算出するにあたり，まず後継ぎである長男と女のみきょうだいの長女の順に，10～14歳時点での理論値を算出する方法を説明する。

3.3.1 10～14歳の長男数

男性の後継ぎである長男数を計算するのに利用できるデータとして，⑴人口動態統計の出生順位別出生数のデータと⑵国立社会保障・人口問題研究所の世帯動態調査で公表されている長男割合のデータの2つが考えられる。この2つのデータから得られる長男数にどのような違いがあるのかを見た上で，離家を伴う人口移動が始まる前の10～14歳時点での長男数を都道府県別に算出する方法を検討する。

⑴ 人口動態統計の出生順位別出生数

人口動態統計では男女別に出生順位別出生数が表章されており，それを使って確率論的に長男数を計算できる。男第1子は全て長男であり，男第2子以降は自分よりも上のきょうだいが全員女であれば長男であり，1人でも男が含まれれば長男ではない[4]。出生性比を105.4とした場合，男第2子が長男である確率は第1子が女である確率であるから，100.0/205.4（≒48.7％）となる。同様に男第3子が長男である確率は第1子と第2子が女である確率であるから，$(100.0/205.4)^2$（≒23.7％）である。第5子以降は長男となる確率が低く，出生数も少なくなることから，第4子までを長男数算出の対象とした。

人口動態統計では，出生順位別出生数とは別に出産順位別出生数も表章されているが，これは死産も順位に含めてカウントしているため，後継ぎとなる長男を算出する際に利用するデータとしては都合が悪い[5]。ところが全国データとしては出生順位別，出産順位別両方の出生数が表章されているが，都道府県データとしては出産順位別出生数しか表章されていない。そこで全国における

30 第Ⅱ部 直系家族制規範と人口移動との関係

出生順位別出生数と出産順位別出生数の比が，いずれの都道府県にも適用できると仮定し，都道府県別の出産順位別出生数を出生順位別出生数に補正する作業を行った[6]。

こうして得られる都道府県別の出生順位別出生数を用いることで，上述した確率論的方法から出生時点の長男数を都道府県別に算出できる[7]。そして全国と各都道府県との間の出生から 0～4 歳に至るまでの死亡率の地域間較差が十分に小さく，国際人口移動が無視できるほど小さいと仮定し，各年の簡易生命表から得られる全国の生残率を各年の長男出生数に乗じて，国勢調査年における 0～4 歳長男数を都道府県別に算出する[8]。

(2) 国立社会保障・人口問題研究所の世帯動態調査

国立社会保障・人口問題研究所は，おおよそ 5 年毎に世帯動態調査を実施している。その第 3 回以降の調査結果では「出生年次別親との続柄（現存きょうだい数にもとづく）別割合」を公表しており，その中に「男性に占める長男の割合」がある。これは全国値のみが公表され，1925～29 年以降の 5 年コーホート別に得られるが，現存きょうだい数に基づいた値であり，出生時点での長男割合ではないことに留意する必要がある。このデータの元となる設問は，自分よりも上の生存きょうだいの有無を回答させるものであるため，本来の長男が死亡していた場合，次男を長男としてカウントした上で長男割合が計算されることになる。新しい調査ほど本来の長男の死亡の影響を受けるため，古い調査の方が実際の出生順位に基づいた長男割合に近い値になっていると考えられる。図 3-2 は，各回の世帯動態調査から得られる長男割合を示している。1935～39 年コーホートのように古い調査から順に長男割合が低くなっているものもあるが，1955～59 年コーホートのように順番通りの長男割合の変化とはなっていないものもある。これは抽出サンプルの違いによる誤差の影響であると推察される。そこで本節の分析では，第 3 回から第 7 回までの長男割合の最小値を本来の出生順位に基づく長男割合として扱うこととする。この長男割合を国勢調査の 0～4 歳人口に乗じることで，0～4 歳時点での長男数が全国値のみ得られる[9]。

第3章　後継者理論値の算出　31

図 3-2　世帯動態調査による全国のコーホート別長男割合（対男性人口）

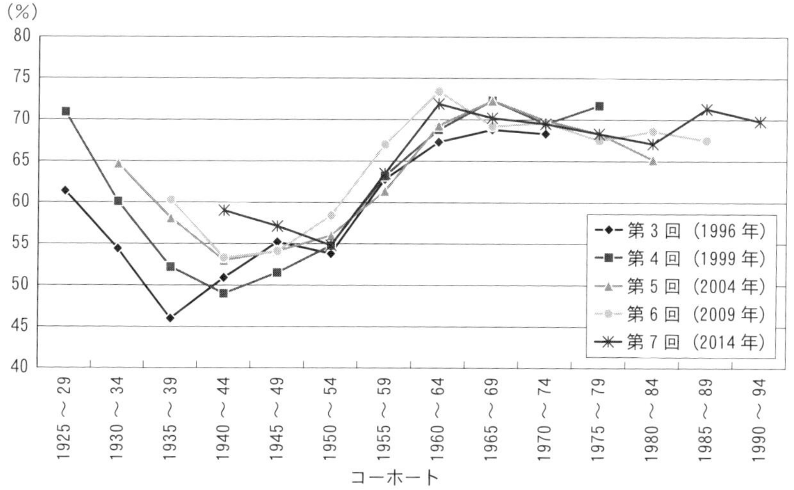

資料：国立社会保障・人口問題研究所「世帯動態調査」

⑶　都道府県別 10〜14 歳長男数の計算

　⑴と⑵の方法で算出される0〜4歳長男数はどの程度異なるのだろうか。
図 3-3 は，⑴と⑵それぞれの方法で算出した全国の0〜4歳長男数を示して
いる。人口動態統計による長男数は都道府県別長男数の合計である。両者を比
較すると，1961〜65年コーホート以降はほぼ同数であるが，1950年代出生の
2コーホート，特に1951〜55年コーホートで大きく異なっている。このよう
な違いが生じる原因としては，1950年代に出生届けの届出遅れが多く発生し，
長男割合が低く算出されてしまっていたことや，世帯動態調査による長男割合
が既に本来の長男の死亡をかなりの程度反映していることなどが考えられる
が，要因を特定するのは難しい。

　人口動態統計を用いる場合，都道府県別に長男数を得られるが，1950年以
前出生のコーホートの情報を得られず，高度経済成長期に大都市圏の転入超過
の拡大を牽引していた1930〜40年代コーホートを分析対象にできないという
問題がある。一方，世帯動態調査を用いる場合，さらに遡ってコーホート別の
長男数を得ることができるが，全国値のみであり，都道府県単位で地域的差異

図 3-3　人口動態統計と世帯動態調査によるコーホート別全国の 0~4 歳長男数の比較

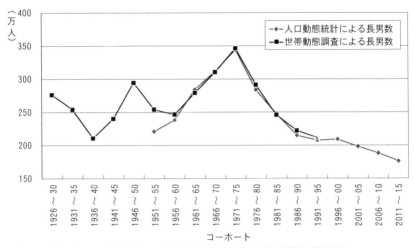

資料：国勢調査，人口動態統計，国立社会保障・人口問題研究所「世帯動態調査」

を分析することができない。こうした点を踏まえ，以下の方法で都道府県別 10~14 歳長男数を計算することとした。まず，全国の 0~4 歳長男割合は世帯動態調査による長男割合とする。1951~55 年以降出生のコーホートにおいて，人口動態統計による 0~4 歳長男割合を都道府県別に算出し，その全国値との相対的較差を計算する。この相対的較差を世帯動態調査による全国 0~4 歳長男割合に与え，都道府県別 0~4 歳長男割合を算出する。人口動態統計から 0~4 歳長男割合の相対的較差を得られない 1926~30 年コーホートから 1946~50 年コーホートまでの 5 コーホートは，1951~55 年コーホートと同じ相対的較差とした。そして，0~4 歳から 10~14 歳の間に発生する人口移動は親との随伴移動であるため，長男であるか否かに関係なく移動率は一定であると想定できる。死亡率も同様に一定であると考えれば，同一コーホートの都道府県別 0~4 歳と 10~14 歳の長男割合は同じ値になることから，0~4 歳長男割合を国勢調査の 10~14 歳人口に乗じ，都道府県別 10~14 歳長男数を算出した。

3.3.2　10〜14 歳の女のみきょうだい長女数

　次に女性の後継ぎである女のみきょうだい長女について，長男と同様，都道府県別に 10〜14 歳時点での数を算出する方法を検討する。長男のように人口動態統計の出生順位別出生数を使って女のみきょうだい長女数を算出しようとする場合，ある年に出生した女第 1 子について，他にきょうだいがいない確率（一人っ子である確率）と第 2 子以降のきょうだいが全て女性である確率の和を乗じることで算出できる。しかし，これらの確率は自分より下のきょうだいの生まれ方について考える必要がある。そしてそれは，第 1 子を生んだ時の母親の年齢によって第 2 子以降のきょうだい構成が異なるといった複数のパリティ拡大を考慮しなければならず，非常に煩雑な計算過程になる。さらに都道府県別の出生数について，きょうだいの出生順位と出生タイミングを追跡するデータを十分に得られないという制約もあるため，人口動態統計の出生順位別出生数から女のみきょうだいの長女を計算することはできないと判断した。

　そこで，世帯動態調査の「出生年次別親との続柄（現存きょうだい数にもとづく）別割合」の中にある「男兄弟なし長女」の割合を使って女のみきょうだい長女数を考えることとした。長男数の計算でも指摘したように，この割合は調査時点での生存きょうだい数に基づく値である。新しい調査ほど死亡の影響を受けて割合が大きくなるはずだが，そのようになっていないコーホートもあり，1950 年代以前出生のコーホートでは第 3 回調査と第 4〜7 回調査とで違いが大きいという特徴もある（図 3-4）。これは長男割合のケースと同様に抽出サンプルの違いによる誤差があると考えられるため，第 3〜7 回調査の「男兄弟なし長女」の割合の最小値を各コーホートの女のみきょうだい長女割合として扱うこととする。これは全国値であるが，長男割合とは異なり，都道府県別の地域的差異を反映させる情報が得られない。そのため女のみきょうだい長女割合は全国一律であるとし，これを国勢調査の都道府県別の 10〜14 歳人口に乗じることで，都道府県別の 1926〜30 年以降出生コーホートの 10〜14 歳女のみきょうだい長女数を計算することとした。

図 3-4 世帯動態調査による全国のコーホート別女のみきょうだい長女割合（対女性人口）

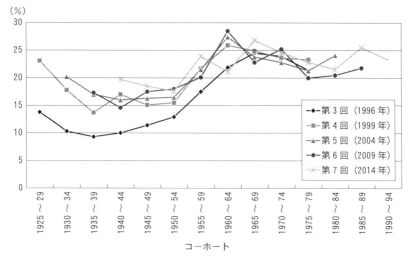

資料：国立社会保障・人口問題研究所「世帯動態調査」

3.4　15〜19歳以降の後継ぎの理論値

3.4.1　親の死亡と移動の影響

　このようにして算出した長男数と女のみきょうだい長女数が男女それぞれの後継ぎの理論値であり，現時点で10〜14歳の後継ぎの理論値が都道府県別，コーホート別に得られている。では15〜19歳以降，後継ぎの理論値はどのように変化し，流出ポテンシャルに影響を及ぼすのだろうか。「農村部において長男は次三男よりも離村率が低く，帰村率が高い」という既往研究[10]が示すように後継ぎが全く流出しないというわけではない。仮に後継ぎ要員が県外へ流出したとしても一定の年齢に達する頃に戻ってくるのなら，直系家族制規範に基づく家族形成行動は成立する。すなわち親元へのUターンであり，潜在的他出者仮説の有効性の検証では，大都市圏へ流出した後継ぎ要員の非大都市圏へのUターンをどのように捉えるのかが重要な意味を持つことになる。

大都市圏へ流出した後継ぎがUターンする場合，その場所は何によって決まるのだろうか。伊藤が提示した潜在的他出者仮説の枠組みでは，後継ぎは出身地へUターンすることを暗黙の前提としている。潜在的他出者仮説が依拠する直系家族制規範では，「後を継ぐ」という行為は家屋，土地などの資産や農林水産業，自営業などの実質的な生活基盤を引き継ぐことに加え，老親扶養が大きな要素になっている。しかし，非大都市圏でもサラリーマン世帯が増加する高度経済成長期以降は，上述したような子に継承する物質的基盤を持たない世帯が多くなり，後継ぎのUターンも親の世話としての意味合いが強くなっている。伊藤も後継ぎは「親夫婦と同居するかあるいは親夫婦の近くに住むことが期待され，また子どももそのように考えている」と述べているように，親の居住地が後継ぎの居住地選択に影響を及ぼすとすれば，親が移動すれば後継ぎがUターンするべき場所も変わることになる。先祖代々引き継ぐような物質的基盤を持たない者が多くなる新しい親世代は，それ以前の親世代よりも居住地の制約が弱くなるため，人口移動が相対的に容易になると考えられる。また老親扶養という側面を考えると，親が死亡すれば後継ぎがUターンする意味は弱まると思われる。つまり親世代の移動や死亡によって，都道府県という地域スケールで必要とされる後継ぎの数も変化するということである。

親世代の移動に関してOtomo（1981）は，1970年の国勢調査から大都市地域における年齢階級別の人口移動率を検討しており，50歳前後で最低値を示した移動率が加齢に伴って上昇することを示し，高齢期における移動率の上昇を明らかにしている。この傾向は1980年について同様の分析を行ったOtomo and Itoh（1989）でも指摘されている。平井（1999）は埼玉県所沢市の高齢者転入移動について，子ども世帯への同居を目的とした非大都市圏から大都市圏郊外への移動があることを明らかにし，その移動が高齢者の介護と密接に関わっているということを示している。また，産業構造の変化にともなう人口移動が確認されており，例えば西原・斉藤（2002）は長崎県三菱高島炭鉱閉山に際して家族単位での移動があったことを報告している。このような炭鉱の閉山の影響によって九州の人口は1960年から1970年にかけて70万人以上減少しており，北海道でも同様に炭鉱閉山の影響が見られる（杉本 2002，堤 2006）。高齢者の大都市圏から非大都市圏へ向かう動きが増加していること（田原・岩

垂 1999，平井 2007）や，将来，健康状況が悪化して介護等が必要になった場合に子どもと離れて暮らしていることに不安を感じる高齢者自身が，居住地を変更することで子どもとの居住地分離を解消する動きが見られること（平井 2011）も報告されている。以上のように親の移動，家族の移動が無視できない規模で起きており，それによって後継ぎがUターンする場所が出身地から変化している可能性がある。

伊藤の流出ポテンシャル（生涯他出率）は成人時の平均きょうだい数から算出された値で固定され，加齢による変化は考慮していない。河邉の流出ポテンシャルは20～24歳時と30～34歳時の平均きょうだい数から計算され，加齢による変化を表現しているが，それはきょうだいの死亡による影響であり，親の移動と死亡について考慮されているわけではない。両者とも，分析対象となるコーホートの任意の時点でのきょうだい属性に関する情報のみを用いて流出ポテンシャルを算出しており，親と子の世代間関係を考慮するというモデルにはなっていないためである。これらの研究のみならず，計量的な手法によって人口移動の地理的パターンの変化や人口移動の要因について分析するマクロスケールの人口移動研究，特にUターンを取り扱う研究では，親と子の世代間関係を考慮するものはほとんど見られないといってよいだろう。本書の第II部では，親の移動と死亡を考慮したUターンの分析方法を考案し，それを用いた実証分析として潜在的他出者仮説の有効性を精緻に検証してみたい。

3.4.2　母世代人口から後継ぎの数を計算する方法の考案

親の移動と死亡による後継ぎの理論値の変化を考えるに当たり，母親と子どもの年齢関係に着目する。母親である年齢の女性が属するコーホートを母世代とすると，その都道府県別女性人口の加齢に伴う変化は母世代人口の移動と死亡の結果としての人口分布変動を示すものと解釈できる。藤井・大江（2006）は，大都市圏郊外における世代交代を調査するに際し，母世代人口と子世代人口の世代間バランスを示す測度である世代間バランス係数（Generation Balance Index，以下GBI）を作成している。それによると，「母と子の年齢的な関係は生まれた時点で決定されている。その後の子世代人口と母世代人口と

の関係は，人口移動と死亡によって変化するが，母世代にあたる年齢別女性人口と女子の年齢別出生率，子世代の任意の年までの生残率が明らかになれば，年齢別人口のデータが存在する任意の地域と任意の年における母世代人口に対応する子世代人口の理論値を算出できる」とある。藤井・大江は，この子世代理論値と実際の子世代人口との比をGBIとし，子世代人口の相対的な規模を捉えている。本研究ではこのGBIの計算において，母世代人口から子世代人口の理論値を得るプロセスを援用し，都道府県別母世代人口から任意の年の後継ぎの理論値を算出する方法を考案する。詳細は後述するが，この後継ぎの理論値の算出方法は出生時の母と子の年齢関係を利用するため，親を母親で代表させることとなっており，父親の存在を直接考慮していない。ただ，父親と子からなる世帯は全体から見れば少なく，父親が生存している場合に母親の移動の多くが夫婦同伴の移動であると考えられるため，母世代人口の移動を親世代人口の移動と捉えても問題はないと判断した。また，親世代の死亡についても，女性の寿命の方が長く，死別の父親のみが生存しているというケースは全体からすれば少数であるため，これも母世代人口から捉えることに問題はないと判断している。

　母世代人口から後継ぎの理論値を計算するプロセスを，人口ピラミッドを使って説明しよう。図3-5は1975年の全国の人口ピラミッドであり，1961～65年コーホートは10～14歳である。出生時に15～49歳の女性が母世代人口であり，1961～65年コーホートの母世代人口は1975年に25～64歳の女性である。（図3-5の「1961～65年コーホート男子の母世代人口」）。人口動態統計の母の年齢別出生数からは，1961～65年コーホート男子の実際の母親は1975年の35～44歳を中心に分布していることがわかる。そして母世代人口には子どもが10～14歳に至るまでの死亡が発生している（図3-5「1961～65年コーホート男子の生存する母親」）。このとき母世代人口の死亡がどの程度発生しているのかがわかれば，10～14歳人口のうち母親が生存している男子を推定できる（図3-5「母親が生存している1961～65年コーホート男子」）。この推定方法は後述するが，1961～65年コーホート男子（10～14歳）の場合，総数4,239,242人のうち母親が生存している者は4,204,193人と推定され，総数の99.2％を占める。このように全国レベルで見られる生存する母親と男子との関

38 第Ⅱ部 直系家族制規範と人口移動との関係

図3-5 1975年全国の1961〜65年コーホート男と生存する母親との関係

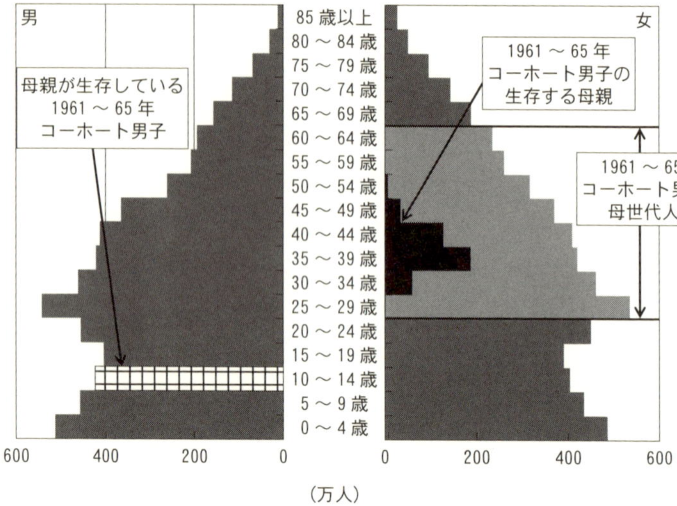

資料：国勢調査

係が，いずれの都道府県でも同様に成立していると考えよう。図3-6は1965年の北海道の人口ピラミッドであり，全国と同じ割合で1961〜65年コーホートの男子を産み，全国と同じ生残率で死亡したと考えられる女性人口を黒の棒グラフで示している（図3-6「全国と同じ割合として想定される1961〜65年コーホート男子の生存する母親」）。その女性が過去に全国と同じ出生率で男の子どもを産み，その子どもが全国と同じ死亡率で死亡しつつ北海道に居住し続けた場合の人口が，母親が生存している子どもの理論値（子世代理論値）である（図3-6「母親が生存している1961〜65年コーホート男子の理論値」）。

　ここで，3.3で算出した10〜14歳の長男数が子世代理論値に占める割合を「対子世代理論値後継ぎ割合」とする。北海道の1961〜65年コーホートの場合，この値は70.7％となる（145,310÷205,439）。女子の場合も女のみきょうだい長女を対象として，同様に対子世代理論値後継ぎ割合を算出する。この対子世代理論値後継ぎ割合は男女別，都道府県別，コーホート別に異なる値が得られる。これを15〜19歳以降も変化しない性別・コーホート別・都道府県別に固有の値とし，後述する15〜19歳以降の子世代理論値に乗じることで，15〜

図 3-6　1975 年北海道の 1961〜65 年コーホート男と生存する母親との関係（理論値）

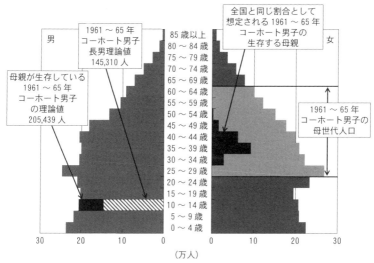

資料：国勢調査

19 歳以降の後継ぎの理論値とする。これは母世代人口から算出される子世代理論値に一定の割合で後継ぎが含まれていると考えるものであり，こうして得られる 15〜19 歳以降の後継ぎの理論値を親の移動と死亡を考慮した後継ぎの理論値とする。

3.4.3　親の移動と死亡を考慮した後継ぎの理論値

では，親の移動と死亡を考慮した後継ぎの理論値算出のプロセスの具体的な説明に移ろう。まず全国レベルでの生存する母親と子の人口規模の関係を把握する「全国生存母子比」を算出する。これには母の年齢別 0〜4 歳人口と，それをもとにした母の年齢別・母が生存する 5〜9 歳以降人口を用いることになる。全て男女別に算出している。

(1)　母の年齢別 0〜4 歳人口

全国レベルでの母親と子の年齢的な関係は，人口動態統計の母の年齢別出生

40 第Ⅱ部 直系家族制規範と人口移動との関係

数から把握する。1931 年以降の人口動態統計で母の年齢が 15～49 歳の各年別
出生数を対象とし，国勢調査年の 5 年コーホート別に各年の出生数を集計する
（母の年齢 5 歳階級別 5 年間の出生数）[11]。これに出生年別の国勢調査年までの
生残率を乗じて，国勢調査年における母の年齢別 0～4 歳人口とする。この時，
母の年齢は 15～19 歳から 50～54 歳の年齢 5 歳階級に分布することになる。
0～4 歳までの生残率は簡易生命表から算出し，母の年齢に拠らず生残率は一
定であるとした。そして国勢調査の 0～4 歳人口と一致するよう，母の年齢別
に 0～4 歳人口を均等に補正する。例えば 1961～65 年コーホートの男子の場
合，出生数に生残率を乗じて得られる 0～4 歳人口は 4,287,467 人で，国勢調査
の 0～4 歳人口は 4,204,772 人であることから，補正率は－2.0％となる。なお，
出生から 0～4 歳までの人口変動には国際移動による純移動も含まれている。
この間の全国の純移動率は直接考慮していないが，国勢調査 0～4 歳人口との
補正のプロセスに移動による人口変動も含まれていると考えている。これにつ
いても，母の年齢に拠らず純移動率は一定ということになる。出生から 0～4
歳の間には母親の死亡は無視できるほどしか発生しないと考え，扱わないこと
とした。

⑵　母の年齢別・母が生存する 5～9 歳以降の人口

　⑴ で得た母の年齢別 0～4 歳人口に対し，当該コーホートの 0～4 歳から
5～9 歳以降の任意の年齢までの生残率と，母世代人口の同期間の生残率の 2
つを乗じることで，母の年齢別・母が生存する 5～9 歳以降の人口を算出する。
生残率は完全生命表から算出し，母の年齢に拠らず子の生残率は一定であり，
当該子世代コーホートの子の有無に拠らず母世代人口の生残率は一定と考えて
いる。このとき 5～9 歳以降の母の年齢別・母が生存する子世代人口は以下の
① 式のように表される。

$$C(s, i+x, x, n) = C(s, i, 0, n) \times Sc(s, x) \times Sm(n, n+x) \cdots\cdots ① 式$$

　左辺 C が示すのは，全国の性別 s，コーホート i（i は 5 年コーホートの期末
年を指す。1961～65 年コーホートの場合，$i=1965$）の $x～x+4$ 歳人口（$x=5$,
10, 15, 20……），すなわち $i+x$ 年における $x～x+4$ 歳人口のうち，母が生存

し，かつ0〜4歳時に母の年齢が$n \sim n+4$歳であった子世代人口である（$n=$15，20，25，30，35，40，45，50）。右辺の第1項Cは左辺と同様，全国の性別s，コーホートiの0〜4歳人口，すなわちi年における0〜4歳人口のうち，母の年齢が$n \sim n+4$歳である子世代人口であり，第2項Scは性別sの子世代人口の0〜4歳から$x \sim x+4$歳までの生残率，第3項Smは母世代人口の$n \sim n+4$歳から$n+x \sim n+x+4$歳までの生残率を示している[12]。

やや式が複雑であるため，具体例を記しておこう。1961〜65年コーホート男子（$s=$男，$i=1965$）で，0〜4歳時点で母の年齢が30〜34歳（$n=30$）であった者のうち，25〜29歳時点で母が生存している人口を考えると，0〜4歳人口（① 式右辺第1項）は1,290,268人，1961〜65年コーホート男子の25〜29歳までの生残率（同第2項）は0.974，母世代人口の同期間（30〜34歳から55〜59歳）の生残率（同第3項）は0.953であり，計算結果は1,197,189人となる。

⑶ 都道府県別子世代理論値の算出

⑵で得た母の年齢別・母が生存する5〜9歳以降の人口を，その母世代人口に相当する年齢5歳階級別の女性人口で除した値が全国生存母子比である。具体例を示そう。先に提示した1961〜65年コーホートの25〜29歳男性のうち，0〜4歳時の母が30〜34歳で，かつ母が生存している者は全国で1,197,189人おり，その母世代人口（1990年に55〜59歳の女性）は3,947,915人であることから，前者を後者で除した0.303という値が全国生存母子比になる。これは言い換えると，1990年に55〜59歳の女性，すなわち1931〜35年コーホートの女性は自分が55〜59歳の時，1人当たり25〜29歳の息子を0.303人持っているということを意味している。1931年以降の人口動態統計から母と子の年齢関係を把握しているため，全国生存母子比が得られるのは1931〜35年コーホート以降となる。

全国生存母子比と同じ水準で各都道府県の女性が子どもを持っていると仮定したときに得られる子世代人口を都道府県別の「子世代理論値」としよう。それは都道府県別女子年齢5歳階級別人口と全国生存母子比との積として得られる。子世代理論値の算出プロセスを性，年齢等の属性を省略して表現すると

②式のようになる。

$$\overline{C_j} = W_j \times \frac{C}{W} \cdots\cdots ② 式$$

$\overline{C_j}$ と W_j は，それぞれ都道府県 j の子世代理論値と母世代人口，$\frac{C}{W}$ は全国生存母子比である。これは③式のように変形できる。

$$\overline{C_j} = C \times \frac{W_j}{W} \cdots\cdots ③ 式$$

　すなわち，都道府県 j の子世代理論値とは，全国の子世代人口を都道府県 j の母世代人口の対全国シェアでブレークダウンした結果ということになる。ここでも具体例を示そう。北海道の 1961〜65 年コーホートの 25〜29 歳男性で，0〜4 歳時の母の年齢が 30〜34 歳であり，かつ母が生存している者の理論値を算出する場合，②式であれば W_j に相当する北海道の 1990 年の 55〜59 歳女性は 187,864 人であり，全国生存母子比は上述したように 0.303 であるので，子世代理論値は 56,969 人となる。③式で考えるならば，全国の母世代人口に当たる 1990 年の 55〜59 歳女性人口は 3,947,915 人であり，$\frac{W_j}{W}$ は 4.76％となるため，北海道の子世代理論値は，全国の当該子世代人口 1,256,635 人 ×4.76％で，やはり 59,969 人となる。

　これを踏まえ，③式を拡張することで子世代理論値の総数は④式のように計算される。

$$\overline{C_j}(s, i+x, x) = \sum_{n=15}^{50} C(s, i+x, x, n) \times \frac{W_j(i+x, n+x)}{W(i+x, n+x)} \cdots\cdots ④ 式$$

　左辺 $\overline{C_j}$ が示すのは，都道府県 j の性別 s，コーホート i の x〜$x+4$ 歳人口，すなわち $i+x$ 年の x〜$x+4$ 歳の子世代理論値である。右辺 Σ 内第 1 項 C は全国の性別 s，コーホート i の x〜$x+4$ 歳人口，すなわち $i+x$ 年における x〜$x+4$ 歳人口のうち，母が生存し，0〜4 歳時に母の年齢が n〜$n+4$ 歳である者であり，Σ 内第 2 項は $i+x$ 年における $n+x$〜$n+x+4$ 歳女性人口，すなわち子どもが 0〜4 歳時（i 年）に n〜$n+4$ 歳だった女性の $i+x$ 年における人口の都道府県 j における対全国シェアである。ただし，$x+n \geqq 85$ のとき，$x+n$〜$x+n+4$ 歳女性人口は 85 歳以上女性人口を利用する。

⑷　親の移動と死亡を考慮した後継ぎの理論値

　3.3で得た10～14歳の後継ぎ（長男または女のみきょうだいの長女）の理論値が，④式から得られる10～14歳の子世代理論値に占める割合を「対子世代理論値後継ぎ割合」とする。北海道の1961～65年コーホート男性の場合，子世代理論値が205,439人，後継ぎとなる長男の理論値が145,310人であるので，対子世代理論値後継ぎ割合は145,310人÷205,439人＝70.7％となる。10～14歳時の対子世代理論値後継ぎ割合は，男女別，コーホート別，都道府県別に異なる値が得られる。これが加齢によって変化しない固有の値であるとし，15～19歳以降の子世代理論値に乗じることによって15～19歳以降の後継ぎの理論値を算出する。これは移動と死亡によって変化する都道府県別女性人口を基準に，全国生存母子比を媒介して得られる子世代理論値に一定の割合で後継ぎが存在していると考えるものであり，親の移動と死亡を考慮した後継ぎの理論値に他ならない。その算出プロセスは⑤式のようになる。

$$PS_j(s, i+x, x) = \frac{PS_j(s, i+10, 10)}{C_j(s, i+10, 10)} \times \overline{C}_j(s, i+x, x \sim x+4) \cdots\cdots ⑤ 式$$

　左辺は，都道府県jの性別s，コーホートiの$x \sim x+4$歳の後継ぎの理論値（person of successor）であり，右辺第1項は都道府県jの性別s，コーホートiの対子世代理論値後継ぎ割合（10～14歳時），第2項は都道府県jの性別s，コーホートiの$x \sim x+4$歳の子世代理論値である。この⑤式を用い，分析対象となるコーホート別に都道府県別・男女別・年齢5歳階級別に後継ぎの理論値を算出した。3.3で10～14歳の後継ぎの理論値は男女ともに1926～30年コーホート以降を算出しているが，全国生存母子比は1931～35年コーホート以降で得られるため，15～19歳以降の親の移動と死亡を考慮した後継ぎの理論値が得られるのは男女ともに1931～35年コーホートから，2015年国勢調査時点で15～19歳となる1996～00年コーホートまでとなる。

　最後に対子世代理論値後継ぎ割合の設定について言及しておきたい。この値は子世代理論値に占める後継ぎの理論値の割合であり，都道府県によって異なる値を取る。そして，母世代人口の都道府県間移動により，加齢に伴う変化が生じるはずである。それに加えて，子どもがいない未婚者の方が都道府県間移動をしやすいことを踏まえれば，対後継者理論値後継ぎ割合を10～14歳時点

44 第Ⅱ部 直系家族制規範と人口移動との関係

の値で固定してしまうのは厳密なものとは言えないだろう。もし，その変化を精緻に表現するならば，出生年別・子どもの有無別・女性の年齢別移動率等のかなり詳細な属性が明らかとなるような移動のデータが必要となる。しかしながら，その要求を満たすような統計は入手できないため，対後継者理論値後継ぎ割合の厳密な変化を分析に取り入れることは難しい。こうした制約があることを承知した上で，10〜14歳時点の対子世代理論値後継ぎ割合には大きな地域差があり，その値で固定してしまったとしても，都道府県の地域的差異を踏まえた上で親の移動と死亡を反映した後継ぎの理論値を得られると判断した。

3.5 後継ぎの配偶者の理論値

3.5.1 配偶者が属するコーホートの分布

　次に3.4で得た後継ぎの理論値をもとにして，彼ら／彼女らの将来の婚姻関係を考えることで，その配偶者となる者の理論値を求める。1947年以降の人口動態統計には1年間に婚姻関係に入った夫婦の年齢関係を示すデータがあり，これを用いて後継ぎである長男と女のみきょうだい長女の属するコーホートの別に，その配偶者がどのコーホートに分布しているのかを分析する。なお，潜在的他出者仮説では後継ぎは全て結婚しているということを前提にしているため（$\frac{n-2}{n}$ の定数2が，後継ぎと後継ぎの配偶者（後継ぎ要員）を意味している），ここでの分析でも後継ぎは皆婚状態を想定する。モデルを単純化するため，婚姻関係は「夫・妻ともに初婚」のみを扱うこととした。図3-7と図3-8は，人口動態統計から得られる夫と妻のコーホート別初婚件数の全国値である。このように発生してきた初婚について，配偶者が属するコーホートの分布がわかれば，夫と妻の数からそれぞれの配偶者の数をコーホート別に算出することができる。

　1947年から2015年までの人口動態統計の夫と妻の年齢別初婚件数（夫婦とも初婚）のデータを累積し，夫と妻の5年コーホート別に集計したものが表3-1である。この夫と妻のコーホート別初婚関係のマトリクスから，配偶者の

第3章　後継者理論値の算出　45

図 3-7　夫のコーホート別初婚件数（1947～2015 年）

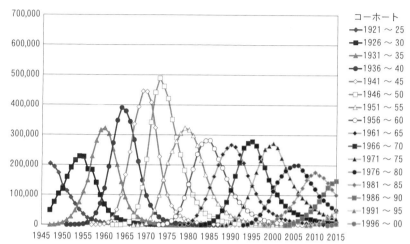

資料：人口動態統計

図 3-8　妻のコーホート別初婚件数（1947～2015 年）

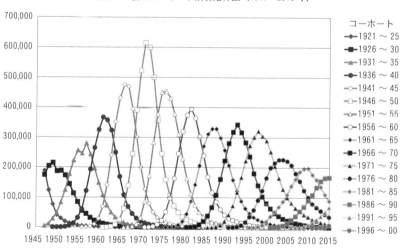

資料：人口動態統計

46 第Ⅱ部 直系家族制規範と人口移動との関係

コーホート別分布の割合を計算する。例えば，夫 1961〜65 年コーホートの妻のコーホート別分布割合は，累積初婚件数の総数で妻のコーホート別累積初婚件数を割った値であり，妻が同じ 1961〜65 年コーホートである割合は 1,456千件÷2,922 千件＝49.8％となる。このようにして夫と妻のコーホート別に配偶者の分布割合を計算するが，この方法を用いるには分母にあたる 1947〜2015 年の累積初婚件数が生涯初婚件数とほぼ同値でなければならない。言い換えれば，1947〜2015 年で初婚行動のほぼ全てを観測できるコーホートであることが必要条件になるということである。初婚行動が終了していないコーホートで同様の分布割合を計算しても，まだ発生していない初婚の情報が欠落してしまうため，配偶者のコーホート別分布割合が不正確なものとなる。図3-7 と図 3-8 のコーホート別初婚件数の分布を見ると，夫は 1926〜30 年コーホートから 1971〜75 年コーホート，妻は 1931〜35 年コーホートから 1971〜75 年コーホートで初婚行動の大部分を観測できるとみなせるため，これらのコーホートで配偶者のコーホート別分布割合を計算できると判断する。

　夫と妻の別に配偶者のコーホート別分布割合を表 3-2 と表 3-3 に示している。分布割合を見ると，夫・妻ともに自分と同じコーホートを含む前後 4 コーホートに配偶者の 97％以上が分布している。その 4 コーホートは，夫の場合は自分より上のコーホートが 1 つで下のコーホートが 2 つであり，妻の場合は自分より上のコーホートが 2 つで下のコーホートが 1 つとなっている。過去に日本で発生してきた初婚の年齢関係は，夫が妻よりも年上であるというケースが主流であったということを表している。ただし，新しいコーホートほど同じコーホート同士の初婚する割合が上昇している。夫・妻ともに 1971〜75 年コーホートでは 5 割を超えており，夫婦の年齢差が縮小する傾向もみられる。

　このようにして得られた夫・妻の配偶者のコーホート別分布割合は，男女ともきょうだい内地位を考慮しないものであり，後継ぎの配偶者のコーホート別分布割合を特別に示してはいない。きょうだい内地位による配偶者との年齢関係の差異が存在する可能性はあるが，そうした資料は集計データとしては得られないため，ここでは後継ぎである長男と女のみきょうだい長女の配偶者のコーホート別分布割合は，全数から得られる値と同じと考えることとした。また，これは全国値である。都道府県別には異なる分布割合になっている可能性

表 3-1　夫と妻のコーホート別累積初婚件数（1947〜2015 年）

（単位：千件）

	夫のコーホート										
妻のコーホート	1996-00	1991-95	1986-90	1981-85	1976-80	1971-75	1966-70	1961-65	1956-60	1951-55	1946-50
1996-00	5	7	1	0	0	0	0	0			
1991-95	2	106	77	25	8	2	1	0			
1986-90	0	26	560	327	89	23	5	1	0	0	
1981-85	0	4	130	1,051	564	150	30	7	2	0	0
1976-80	0	1	18	224	1,390	796	169	34	8	2	0
1971-75		0	3	28	292	1,790	983	226	41	9	2
1966-70		0	0	3	26	276	1,561	1,042	236	40	7
1961-65			0	0	2	22	188	1,456	1,152	277	36
1956-60				0	0	2	12	146	1,379	1,346	296
1951-55				0	0	0	1	9	136	1,598	1,759
1946-50					0	0	0	1	11	206	1,932
1941-45							0	0	1	12	133
1936-40								0	0	1	10
1931-35									0	0	1
1926-30										0	0
1921-25										0	0
1916-20											
1911-15											
1906-10											
1901-05											
1896-00											
合計	7	145	791	1,658	2,372	3,062	2,950	2,922	2,965	3,490	4,178

	夫のコーホート										合計
妻のコーホート	1941-45	1936-40	1931-35	1926-30	1921-25	1916-20	1911-15	1906-10	1901-05	1896-00	
1996-00											14
1991-95											222
1986-90											1,034
1981-85											1,937
1976-80	0										2,642
1971-75	0	0									3,373
1966-70	1	0									3,193
1961-65	3	0	0								3,135
1956-60	15	1	0	0							3,197
1951-55	242	14	1	0	0	0					3,761
1946-50	1,816	261	15	1	0	0					4,243
1941-45	1,425	1,615	291	15	1	0	0				3,493
1936-40	124	1,103	1,344	219	10	1	0	0			2,814
1931-35	12	116	1,008	1,115	161	9	1	0	0		2,424
1926-30	2	10	96	790	690	112	8	1	0	0	1,709
1921-25	0	1	6	63	279	156	24	3	1	0	534
1916-20	0	0	1	4	14	22	10	3	1	0	54
1911-15		0	0	1	2	2	2	1	1	0	8
1906-10			0	0	0	0	0	0	0	0	1
1901-05					0	0	0	0	0	0	0
1896-00					0	0	0	0	0	0	0
合計	3,639	3,122	2,763	2,208	1,156	303	46	9	3	1	

資料：人口動態統計

48　第Ⅱ部　直系家族制規範と人口移動との関係

表3-2　夫から見た妻のコーホート別分布割合

（単位：％）

	夫のコーホート									
	1971-75	1966-70	1961-65	1956-60	1951-55	1946-50	1941-45	1936-40	1931-35	1926-30
1996-00	0.0	0.0	0.0							
1991-95	0.1	0.0	0.0							
1986-90	0.8	0.2	0.0	0.0	0.0					
1981-85	4.9	1.0	0.2	0.1	0.0	0.0				
1976-80	26.0	5.7	1.1	0.3	0.1	0.0	0.0			
1971-75	58.5	33.3	7.7	1.4	0.3	0.0	0.0	0.0		
1966-70	9.0	52.9	35.7	8.0	1.1	0.2	0.0	0.0		
1961-65	0.7	6.4	49.8	38.8	7.9	0.9	0.1	0.0	0.0	
1956-60	0.1	0.4	5.0	46.5	38.6	7.1	0.4	0.0	0.0	0.0
1951-55	0.0	0.0	0.3	4.6	45.8	42.1	6.6	0.5	0.0	0.0
1946-50	0.0	0.0	0.0	0.4	5.9	46.2	49.9	8.3	0.5	0.1
1941-45				0.0	0.3	3.2	39.2	51.7	10.5	0.7
1936-40				0.0	0.0	0.2	3.4	35.3	48.7	9.9
1931-35					0.0	0.0	0.3	3.7	36.5	50.5
1926-30					0.0	0.0	0.0	0.3	3.5	35.8
1921-25						0.0	0.0	0.0	0.2	2.9
1916-20							0.0	0.0	0.0	0.2
1911-15								0.0	0.0	0.0
1906-10									0.0	0.0
同一コーホートを含む前後4コーホートの合計	98.4	98.4	98.2	97.9	98.2	98.6	99.1	99.2	99.2	99.1

資料：人口動態統計

表3-3　妻から見た夫のコーホート別分布割合

（単位：％）

	夫のコーホート																			同一コーホートを含む前後4コーホートの合計
	1991-95	1986-90	1981-85	1976-80	1971-75	1966-70	1961-65	1956-60	1951-55	1946-50	1941-45	1936-40	1931-35	1926-30	1921-25	1916-20	1911-15	1906-10	1901-05	
1971-75	0.0	0.1	0.8	8.7	53.1	29.1	6.7	1.2	0.3	0.1	0.0	0.0								97.6
1966-70	0.0	0.0	0.1	0.8	8.7	48.9	32.6	7.4	1.2	0.2	0.0	0.0								97.6
1961-65		0.0	0.0	0.1	0.7	6.0	46.4	36.7	8.8	1.1	0.1	0.0	0.0							98.0
1956-60			0.0	0.0	0.1	0.4	4.6	43.1	42.1	9.3	0.5	0.0	0.0	0.0						99.1
1951-55			0.0	0.0	0.0	0.2	3.6	42.5	46.8	6.4	0.4	0.0	0.0	0.0	0.0					99.3
1946-50				0.0	0.0	0.0	0.3	4.8	45.5	42.8	6.1	0.3	0.0	0.0	0.0	0.0				99.3
1941-45					0.0	0.0	0.3	3.8	40.8	46.2	8.3	0.4	0.0	0.0	0.0	0.0				99.2
1936-40						0.0	0.0	0.4	4.4	39.2	47.8	7.8	0.4	0.0	0.0	0.0	0.0			99.2
1931-35							0.0	0.0	0.1	0.5	4.8	41.6	46.0	6.6	0.4	0.0	0.0	0.0	0.0	99.0

資料：人口動態統計

はあるが，人口動態統計の夫と妻の年齢別初婚件数は都道府県別に得られるものの，それを累積したとしても人口移動による影響で都道府県別の最終的な夫婦関係を示す情報とはならない。そのため，全国の夫と妻の配偶者のコーホート別分布割合をそのまま都道府県に適用させることとした。つまり，表3-2，表3-3の夫・妻の配偶者のコーホート別分布割合を後継ぎである長男と女のみきょうだい長女の理論値（都道府県別）に乗じ，算出された配偶者数をコーホート別に累積することで，男女別・コーホート別の後継ぎの配偶者の理論値（都道府県別）を算出するということである。なお，ここで用いている夫・妻の配偶者のコーホート別分布割合は初婚行動が終了した結果の値であり，任意の年齢の後継ぎの理論値にこれを乗じて得られる配偶者数は，任意の年齢時点の後継ぎの配偶者数ではなく，まだ結婚していない者も含めた潜在的な配偶者数を意味することになる。

　後継ぎの配偶者の理論値を計算する前に，どのコーホートを分析対象にできるのかを確認しておきたい。夫から見た妻のコーホート別分布割合（表3-2）を用いて長男の配偶者数を算出する場合，1926〜30年コーホートから1971〜75年コーホートの長男の配偶者は，1906〜10年コーホートから1996〜00年コーホートに分布しているが，その累積配偶者数は1906〜10年コーホートから1996〜00年コーホートの女性の中で長男の配偶者である者全てを意味しない。例えば1981〜85年コーホート女性の中には，1976〜80年コーホート以降の長男の配偶者となる女性も含まれるはずだからである。

　では，どのコーホートの女性において，この配偶者の分布割合の中で長男の配偶者となる者の全てが含まれていると判断できるだろうか。ここで夫婦ともに同一コーホートを含む前後4コーホートに配偶者の97％以上が集中していることを想起すると，それら4コーホートの夫の分布が観測できるコーホートの女性がそれに該当すると判断できる。表3-2で1926〜30年コーホートから1971〜75年コーホートの長男数を基準にして，長男の配偶者となる女性のほぼ全てを算出できるのは1936〜40年コーホート（夫の1926〜30年コーホート：9.9％，1931〜35年コーホート：48.7％，1936〜40年コーホート：35.3％，1941〜45年コーホート：3.4％）から1966〜70年コーホート（夫の1956〜60年コーホート：8.0％，1961〜65年コーホート：35.7％，1966〜70年コーホー

50 第Ⅱ部 直系家族制規範と人口移動との関係

ト：52.9％，1971～75年コーホート：9.0％）までの7コーホートとなる。同様に表3-3から考えると，女のみきょうだい長女の配偶者となる者の全てが含まれる男性のコーホートは，1936～40年コーホート（妻の1931～35年コーホート：4.8％，1936～40年コーホート：39.2％，1941～45年コーホート：46.2％，1946～50年コーホート：6.1％）から1961～65年コーホート（妻の1956～60年コーホート：4.6％，1961～65年コーホート：46.4％，1966～70年コーホート：32.6％，1971～75年コーホート：6.7％）までの6コーホートとなる。

　3.4で親の移動と死亡を考慮した後継ぎの理論値として，男女とも1931～35年コーホートから1996～00年コーホートまでを算出している。そのため，上記の配偶者のコーホート別分布割合の制約上，後継ぎと配偶者の合計である後継ぎ要員の理論値，すなわち後継者理論値が得られるのは，男性では1936～40年コーホートから1961～65年コーホート，女性では1941～45年コーホートから1966～70年コーホートとなる。この分析対象コーホートでは，1970年前後の人口移動転換をめぐる人口移動は分析できるが，1980年代以降の人口移動を十分に観察できないという問題がある。そこで初婚行動が2015年までに終了しておらず，人口動態統計から配偶者のコーホート別分布割合を算出できなかった新しいコーホートについて，直近コーホートの値が夫婦同一コーホートの値を中心にして同値であると仮定した。これは夫は1971～75年コーホート，妻は1966～70年コーホート以降，初婚の配偶者との年齢関係が変化しないということを想定していることになる。こうすることで，2015年に15～19歳となる1996～00年コーホートまで，後継ぎの配偶者数を算出できるようにした。

3.5.2 後継ぎの配偶者の理論値

　以上のようにして設定した夫と妻の配偶者のコーホート別分布割合を使い，後継ぎの配偶者の理論値を算出する。長男の配偶者となる女性と，女のみきょうだい長女の配偶者となる男性は，以下の⑥式，⑦式から計算される。

$$W(x, i, j) = \sum_k PS_m(x, k, j) \times wr(k, i) \cdots\cdots ⑥ \text{式}$$

$$H(x, i, j) = \sum_k PS_f(x, k, j) \times hr(k, i) \cdots\cdots ⑦ \text{式}$$

　⑥式において，$W(x, i, j)$ は都道府県 j，コーホート i の $x \sim x+4$ 歳の女性のうち長男の配偶者となる女性，$PS_m(x, k, j)$ は都道府県 j，コーホート k の $x \sim x$ $+4$ 歳の長男数，$wr(k, i)$ はコーホート k の夫から見たコーホート i の妻の分布割合である。同様に⑦式において，$H(x, i, j)$ は都道府県 j，コーホート i の $x \sim x+4$ 歳の男性のうち女のみきょうだい長女の配偶者となる男性，$PS_f(x, k, j)$ は都道府県 j，コーホート k の $x \sim x+4$ 歳の女のみきょうだい長女数，$hr(k, i)$ はコーホート k の妻から見たコーホート i の夫の分布割合である。

　上述したように，任意の年齢の後継ぎに対し，その最終的な配偶者のコーホート別分布割合を与えることで，まだ結婚していない潜在的な配偶者も含めて後継ぎの配偶者の理論値として算出している。なお繰り返しの説明となるが，この計算に使用している配偶者のコーホート別分布割合は全国値であり，コーホート別人口全体を対象にした値である。都道府県別や後継ぎだけに限定する場合，異なる配偶者のコーホート別分布割合が存在する可能性があるが，そうしたデータを得ることができないため，全国値・コーホート別人口全体から得られる分布割合を用いて都道府県別の後継ぎの配偶者の理論値を算出することとしている。

3.6　後継者理論値

　「長男」と「女のみきょうだい長女の配偶者となる男性」の合計が男の後継ぎ要員であり，「女のみきょうだい長女」と「長男の配偶者となる女性」の合計が女の後継ぎ要員である。3.4 で得た後継ぎの理論値と 3.5 で得た後継ぎの配偶者を性別に合計した値が，後継ぎ要員の理論値であり，これを後継者理論値と呼ぶこととする。次章では，後継者理論値と国勢調査の都道府県別年齢別人口を比較し，任意の年齢時に都道府県内に後継者理論値に相当する人口が確

保されているかどうか，すなわち潜在的他出者仮説が有効な状態であるかどう
かを分析する。

　本研究では，潜在的他出者仮説の有効性を都道府県別に明らかにするため，
地域的差異が反映される後継者理論値の作成に力を注いだ。そのうち，女のみ
きょうだい長女と夫・妻の配偶者のコーホート別分布割合は全国値を用いてい
るため，後継者理論値が地域的差異を十分に反映できていないのではないかと
いう疑問がある。ただし，女の後継者理論値に占める女のみきょうだい長女の
割合は，いずれのコーホート，都道府県でも多くても 3 割程度である。男の後
継者理論値に占める女のみきょうだい長女の配偶者となる男性の割合も多くて
も 25% を超えることはなく，後継者理論値の大部分は長男数をもとに決定し
ている。長男数は人口動態統計の実績値から地域的差異を把握しているので，
後継者理論値も十分に地域的差異を反映できていると判断した。この地域的差
異については，次章の分析で詳しく扱う。

　また伊藤や河邉が提示した，平均きょうだい数から流出ポテンシャルを算出
する方法が，きょうだいの性別構造を考慮できておらず，その点を精緻化する
ことも本研究の目的である。ここまでに得られた後継者理論値から流出ポテン
シャルの男女の違いを見ておこう。図 3-9 は，30〜34 歳時の後継者理論値の
全国値（都道府県の値の合計）から算出された流出ポテンシャルを男，女，男
女計で比較している。流出ポテンシャルは各コーホート 30〜34 歳人口から後
継者理論値（30〜34 歳）を減じた値（潜在的他出者の理論値）を 30〜34 歳人
口で割った値である。比較対象として第 7 回世帯動態調査（国立社会保障・人
口問題研究所 2014）から得るコーホート別平均きょうだい数から算出される
流出ポテンシャルを掲載している（平均きょうだい数 n 人に対して $\frac{n-2}{n}$ で
算出）。1950 年代コーホートの差がほとんどないことを除くと，流出ポテン
シャルは一様ではない。後継者理論値（男）と後継者理論値（女）の流出ポテ
ンシャルを比較すると，1940 年代コーホートは女の方が大きいが，1960 年代
以降のコーホートでは逆転しており，男の方が 5 ポイント程度高い。これは男
女によって潜在的移動属性の構造が異なっているということであり，平均きょ
うだい数が性別構造を考慮できていないという課題を解決し，より精緻な指標
となっていると見てよいだろう。また，平均きょうだい数と後継者理論値（男

図 3-9　30～34歳時のコーホート別流出ポテンシャルの比較（全国値）

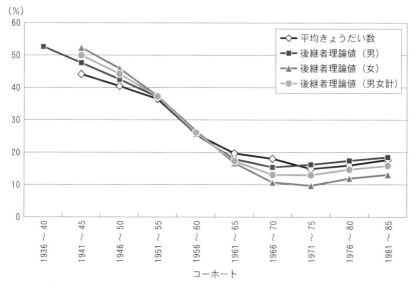

資料：第7回世帯動態調査，国勢調査，人口動態統計

女計）の流出ポテンシャルを比較すると，1940年代コーホートは前者の方が高いが，1960年代コーホート以降は逆転している。これはきょうだい成員が複数のコーホートに分布することや，男女によって潜在的移動属性の分布が異なることが影響し，平均きょうだい数から算出される流出ポテンシャルを不正確なものにしている可能性を示唆している。こうした点は，後継者理論値から算出する流出ポテンシャルがより正確な値になっているという期待の持てる結果であり，それを用いることで潜在的他出者仮説の有効性の検証もより精緻化できるといえよう。

第4章

潜在的他出者仮説の有効性の検証

4.1 後継者充足率

　本章では第3章で算出した後継者理論値を用い，潜在的他出者仮説の有効性を都道府県間差異，コーホート間差異に着目して検証する。検証は男女別，コーホート別，都道府県別に後継者理論値と国勢調査人口を比較し，任意の年齢時点で都道府県内に後継ぎ要員に相当する人口が確保されているかどうかという視点から行う。第2章で潜在的他出者仮説の限界として指摘しているように，地域やコーホートによっては潜在的他出者を超えて後継ぎ要員も非大都市圏から大都市圏へ流出している可能性がある。潜在的他出者仮説の有効性の検証を通じ，そうした後継ぎ要員の流出がいつ，どこで，どの程度の規模で起こっているかを明らかにすることを試みる。この検証のための分析指標として，後継者充足率を以下の ① 式のように定める。

$$\alpha(s, x, i, j) = \frac{P(s, x, i, j) - S(s, x, i, j)}{S(s, x, i, j)} \cdots\cdots ① 式$$

　$\alpha(s, x, i, j)$ は性別 s，年齢 $x \sim x+4$ 歳，コーホート i，都道府県 j の後継者充足率であり，$P(s, x, i, j)$ は国勢調査人口，$S(s, x, i, j)$ は後継者理論値である。後継者充足率は，国勢調査人口が後継者理論値を上回る割合である。これがマイナスとなる場合，都道府県内に後継ぎ要員に相当する人口が確保できていない状態であり，潜在的他出者を超えて後継ぎ要員まで流出していることを意味する。これは定量的な分析であるため，仮に国勢調査人口が後継者理論値を上回っていたとしても，実際には後継ぎ要員が流出し，潜在的他出者が残留して

いるような場合もあり得る。したがって，後継者充足率がプラスであるとしても，人口流出が潜在的他出者の範囲で完結しているとは言い切れない。ただし，後継者充足率がマイナスとなる場合には，直系家族制規範を維持し，家の継承・世帯の再生産をするのに必要となる後継ぎ要員を確保できていない状態であることを明確に指摘できる。そこで本章では，後継者充足率がマイナスとなる都道府県に着目し，その数や値の大きさ，地域分布やコーホートによる変化を分析することで，潜在的他出者仮説の有効性を検証する。

伊藤（1984）は，後継ぎであっても進学や就職のために大都市圏へ流出することはあるが，その移動は一時的なものであり，いずれ出身地へUターンすることを前提に考えている。そのため，このUターン[1]が沈静化する年齢の後継者充足率を分析対象にして潜在的他出者仮説の有効性を判断する必要がある。非大都市圏のコーホート別人口の加齢に伴う変化には，10歳代前半から20歳代前半にかけて大きく転出超過で減少し，20歳代後半でUターンによって人口がやや回復して，その後は人口移動の影響が大きくは見られなくなるというパターンが多く見られる。そこで30～34歳をUターンによる人口移動が沈静化した年齢と捉え，その後継者充足率を都道府県間差異とコーホート間差異に着目して分析する。

4.2 コーホート別分析結果

図4-1～図4-9は，コーホート別・男女別に30～34歳の後継者充足率を地図上に示したものである（沖縄県は除く）。都道府県間の比較をしつつ，コーホート間差異について説明する。

⑴ 1941～45年，1946～50年，1951～55年コーホート（図4-1～図4-3）

これら3コーホートのうち，後継者充足率がマイナスとなっているのは1941～45年コーホート男性の島根県のみであり，その値も−0.5％と小さい。これら3コーホートでは30～34歳時点で後継ぎ要員に相当する人口が男女共に各都道府県内に確保されており，非大都市圏で全域的に潜在的他出者仮説が

56　第Ⅱ部　直系家族制規範と人口移動との関係

有効であったと解釈できる。

(2)　1956〜60 年コーホート（図 4-4）

　それ以前の 3 コーホートと異なり，後継者充足率がマイナスとなる県が複数確認できる。男性では秋田県（−6.1％），山形県（−0.7％），和歌山県（−1.5％），島根県（−7.2％），山口県（−3.9％），愛媛県（−0.1％），高知県（−0.2％），鹿児島県（−3.3％）の 8 県，女性では秋田県（−4.6％），山形県（−3.1％），島根県（−8.7％）の 3 県である。ほとんどゼロに近い県も含まれているが，男女で共通している秋田県，山形県，島根県では後継ぎ要員が確保できていない状況が生まれており，地域によっては潜在的他出者仮説の有効性が既に弱くなっていることが確認できる。

(3)　1961〜65 年コーホート（図 4-5）

　1956〜60 年コーホートよりも明確に後継者充足率がマイナスとなる県数が増え，そのマイナスの大きさも拡大している。男性でマイナスとなるのは 19 県あり，その中で−10％未満となるのは秋田県（−15.7％），島根県（−15.2％），山口県（−16.2％），長崎県（−11.8％），大分県（−11.1％），鹿児島県（−11.7％）である。女性でマイナスとなるのも 19 県で，同様に−10％未満となるのは岩手県（−11.2％），秋田県（−18.2％），山形県（−12.4％），島根県（−17.6％），山口県（−12.1％）である。後継者充足率がマイナスとなる県は男女で概ね共通しており，また男女ともに 1956〜60 年コーホートで後継者充足率がマイナスとなった県は，継続してマイナスとなっている。地域分布としては，東北地方と西南日本地域（山陰地方，四国地方，九州地方）に後継者充足率マイナスの県が多く分布している。男女の後継者充足率を比較すると，東北地方では女性の方が小さい値を取る場合が多いが，西南日本，特に九州地方では男性の方が小さい値となる傾向が見られ，後継ぎ要員の流出の男女差に地域的差異があると考えられる。

(4)　1966〜70 年コーホート（図 4-6）

　1961〜65 年コーホートとおおむね同様の後継者充足率の分布となっている

が，男性でマイナスとなるのは21県，女性では25県へと増加しており，1960年代コーホートにおいて潜在的他出者仮説の有効性が明確に弱まっているといえる。それほど小さい値ではないものの，女性では中部地方の後継者充足率がマイナスとなる傾向が表れており，地域的差異にも変化が生じている。男性で後継者充足率が−10％未満になるのは青森県（−12.7％），秋田県（−17.2％），和歌山県（−12.4％），島根県（−14.4％），山口県（−17.7％），愛媛県（−10.3％），高知県（−13.2％），佐賀県（−11.9％），長崎県（−17.2％），熊本県（−11.4％），大分県（−15.1％），宮崎県（−16.5％），鹿児島県（−15.6％）である。同様に女性で後継者充足率が−10％未満になるのは青森県（−15.4％），岩手県（−15.9％），秋田県（−23.8％），山形県（−14.8％），新潟県（−10.7％），島根県（−21.0％），山口県（−15.3％），長崎県（−13.6％），大分県（−11.7％），宮崎県（−13.0％），鹿児島県（−12.5％）である。全体的に1961〜65年コーホートに比べて後継者充足率のマイナスの大きさは拡大しており，潜在的他出者仮説の有効性はさらに弱まっている。また，東北地方では女性の後継者充足率の方が小さく，西南日本では男性の方が小さいという傾向は継続して見られる。

⑸　1971〜75年コーホート（図4-7）

　1966〜70年コーホートと比較して，男性は後継者充足率が−15％未満の県がなくなり，マイナスとなる県数も18へとやや減少したが，女性には−15％未満の県が存在し，マイナスとなる県数も24とほぼ変化がない。これは1960年代コーホートよりも男女差が明確になったと解釈できる。男性で後継者充足率が−10％未満になるのは青森県（−10.4％），秋田県（−14.8％），和歌山県（−10.3％），島根県（−10.1％），山口県（−10.2％），長崎県（−14.5％），宮崎県（−13.3％），鹿児島県（−12.1％）である。同様に女性で−10％未満になるのは，青森県（−16.6％），岩手県（−15.4％），秋田県（−21.7％），山形県（−12.8％），和歌山県（−11.1％），島根県（−16.8％），山口県（−14.9％），佐賀県（−10.1％），長崎県（−14.1％），大分県（−10.7％），宮崎県（−12.9％），鹿児島県（−11.6％）である。1960年代コーホートで見られた地域的特徴である，東北地方では女性の後継者充足率の方が小さいという傾向は継

58　第Ⅱ部　直系家族制規範と人口移動との関係

続しているが，西南日本でも女性の方が小さくなっている。西南日本では女性の後継ぎ要員の流出傾向が相対的に強まったということであり，人口移動傾向の変化に男女差が生じていると考えられる。

⑹　1976〜80 年コーホート（図4-8）

　後継者充足率がマイナスとなる県数は男性 20 県，女性 26 県である。県数の差は 1971〜75 年コーホートと変わらないが，男性に−15％未満の県が再び見られるようになったことに加え，女性の−15％未満の県数が減っており，男女差はやや縮小している。ただし，中部地域を中心にして女性の方が後継者充足率マイナスの県は広く分布している。男性で後継者充足率が−10％未満となるのは青森県（−11.7％），秋田県（−15.9％），和歌山県（−11.1％），長崎県（−16.9％），宮崎県（−11.1％），鹿児島県（−12.3％）である。同様に女性で−10％未満となるのは青森県（−15.0％），岩手県（−12.3％），秋田県（−20.7％），山形県（−11.6％），和歌山県（−13.5％），島根県（−14.8％），山口県（−13.0％），長崎県（−14.1％）である。後継者充足率がマイナスとなる非大都市圏の道県は大都市圏周辺部と地方中核都市を持つ県を除けば，ほぼ全てに分布しており，潜在的他出者仮説の有効性は非常に弱い。

⑺　1981〜85 年コーホート（図4-9）

　後継者充足率がマイナスとなる県数は男性 20 県，女性 29 県であり，1976〜80 年コーホートに比べて男性は変化がないが，女性はさらに増加した。男女を比較すると，女性の方が多くの県で後継者充足率の値が小さい。また，女性では中部地域の県も明確にマイナスとなっている点も男性とは大きく異なる。男性で後継者充足率が−10％未満となるのは青森県（−14.3％），秋田県（−19.0％），和歌山県（−12.7％），長崎県（−15.4％），宮崎県（−12.1％），鹿児島県（−14.1％）である。同様に女性で−10％未満となるのは青森県（−18.6％），岩手県（−13.6％），秋田県（−25.6％），山形県（−13.5％），福島県（15.3％），和歌山県（12.6％），島根県（−15.9％），山口県（−11.9％），徳島県（−10.9％），高知県（−11.4％），長崎県（−15.2％）である。2015 年時点で 30〜34 歳を観測できる最新のコーホートの分析結果であるが，地域的差異

第 4 章　潜在的他出者仮説の有効性の検証　　59

図 4-1　30〜34 歳後継者充足率の分布（1941〜45 年コーホート）

60　第Ⅱ部　直系家族制規範と人口移動との関係

図 4-2　30～34 歳後継者充足率の分布（1946～50 年コーホート）

第4章 潜在的他出者仮説の有効性の検証 61

図 4-3 30〜34 歳後継者充足率の分布（1951〜55 年コーホート）

62　第Ⅱ部　直系家族制規範と人口移動との関係

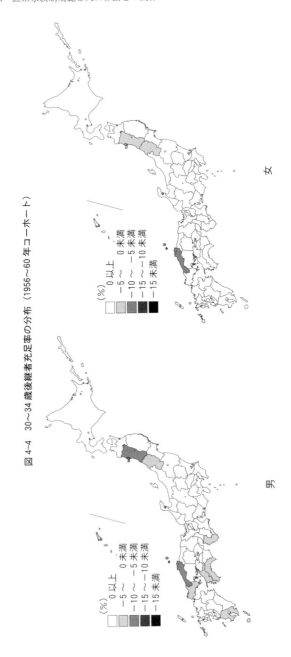

図 4-4　30〜34 歳後継者充足率の分布（1956〜60 年コーホート）

第4章 潜在的他出者仮説の有効性の検証　63

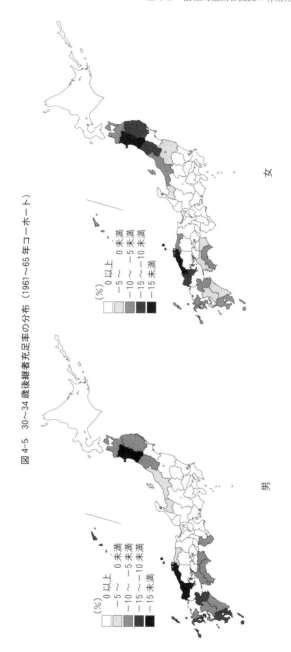

図4-5　30~34歳後継者充足率の分布（1961~65年コーホート）

64　第Ⅱ部　直系家族制規範と人口移動との関係

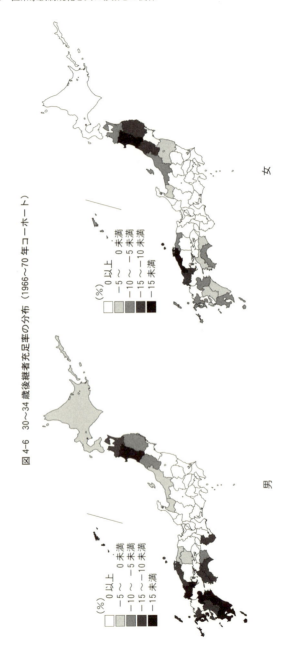

図 4-6　30〜34歳後継者充足率の分布（1966〜70年コーホート）

第4章　潜在的他出者仮説の有効性の検証　65

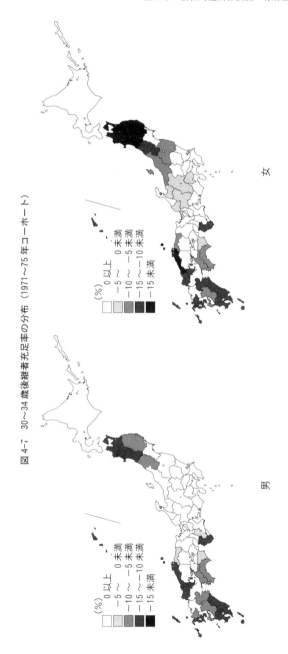

図4-7　30〜34歳後継者充足率の分布（1971〜75年コーホート）

66　第Ⅱ部　直系家族制規範と人口移動との関係

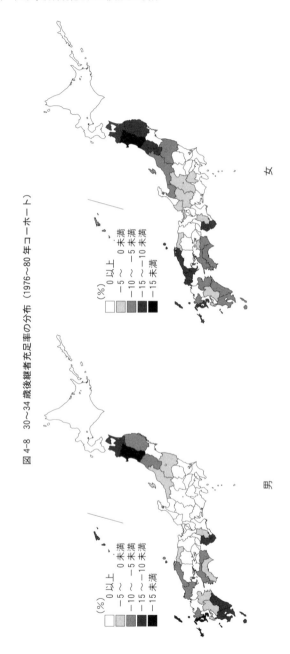

図4-8　30〜34歳後継者充足率の分布（1976〜80年コーホート）

第4章 潜在的他出者仮説の有効性の検証 67

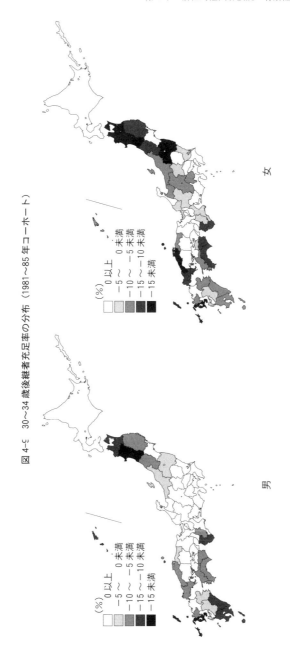

図 4-6 30~34歳後継者充足率の分布（1981~85年コーホート）

68 　第Ⅱ部　直系家族制規範と人口移動との関係

は複数のコーホートで共通した特徴が継続しており，とりわけ女性で後継者充
足率がマイナスになる県数が多く，潜在的他出者仮説の有効性はほぼ失われて
いるといってよいだろう。

4.3　分析結果の考察

4.3.1　コーホート間差異

　4.2 で示した 30〜34 歳の後継者充足率の分析結果を，コーホート間差異，
地域的差異に着目して整理，考察してみたい。まずコーホート間差異について
見てみよう。後継者充足率がマイナスであるということは，都道府県内に家の
継承に必要となる後継ぎ要員に相当する人口を確保できていないということで
ある。こうした県数が多いほど潜在的他出者仮説の有効性が弱いという考えの
もと，後継者充足率がマイナスの県数をコーホート別・年齢別に分析する。

(1)　後継者充足率がマイナスとなる非大都市圏の県数（男）

　図 4-10 は男性で，非大都市圏の 35 道県 [2] のうち後継者充足率がマイナスと
なる県数をコーホート別・年齢別に集計した結果である。1936〜40 年コー
ホートでは，全ての年齢で後継者充足率がマイナスとなる非大都市圏の道県は
存在していない。1941〜45 年コーホート以降ではマイナスとなる県が生じて
いる。いずれのコーホートでも 20〜24 歳で最も数が多くなっており，後継ぎ
要員の進学や就職を目的とした一時的な移動の影響が後継者充足率の符号に反
映されているといえる。25〜29 歳以降の変化にはコーホート間差異がある。
1940 年代の 2 コーホートでは 20〜24 歳のマイナスの県数は 15 程度でほぼ同
じであり，25〜29 歳にかけて急減し，30〜34 歳以降はマイナスの県数がゼロ
になっている。1951〜55 年コーホートは 20〜24 歳のマイナスの県数が 20 県
へと増加したが，25〜29 歳以降の変動パターンは 1940 年代コーホートと同様
に減少している。ここまでの 3 コーホートでは後継ぎ要員が 20 歳前後で一時
的に流出しても，その後の U ターンによって非大都市圏の道県内に後継ぎ要

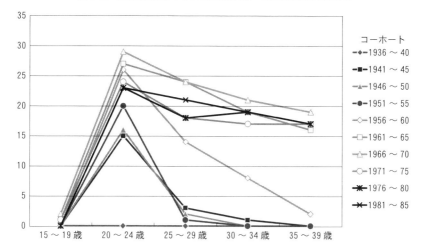

図 4-10　後継者充足率マイナスの県数（男：非大都市圏の 35 道県）

員に相当する人口が確保できている状態になっており，潜在的他出者仮説は十分に説明力があるといえる。

　1956〜60 年コーホート以降は 20〜24 歳のマイナスの県数が増加し，25〜29 歳以降の変化のパターンが異なっている。1956〜60 年コーホートは 25〜29 歳でも 14 県の後継者充足率がマイナスであり，その後緩やかにマイナスの県数は減少して 35〜39 歳には 2 県となる。後継者充足率の算出に用いている後継者理論値は親の移動と死亡を考慮しており，母親の死亡によって減少する性質があるため，加齢に伴って後継者充足率は上昇する。35〜39 歳の時，母親の年齢の中心は 60〜69 歳であり，まだ母親の死亡の影響はそれほど大きく表れてはいないと思われるが，結果的に後継者充足率がマイナスの県数は減少している。しかしながら，1951〜55 年コーホートまでと比べると，潜在的他出者仮説の有効性は弱くなっているといえよう。

　1960 年代コーホートでは 20〜24 歳のマイナスの県数がさらに増加し（1961〜65 年コーホートは 27，1966〜70 年コーホートは 29），25〜29 歳以降の減少も緩やかであり，35〜39 歳時点でも 1961〜65 年コーホートは 19 県，1966〜70 年コーホートは 16 県がマイナスである。1971〜75 年コーホートから 1981〜85 年コーホートまでの 3 コーホートでは，1960 年代コーホートと比較

して20〜24歳のマイナスの県数は減少しているが，25〜29歳以降の減少数は縮小しており，35〜39歳で17県がマイナスである（1981〜85年コーホートは30〜34歳で19県がマイナス）。

1960年代以降のコーホートではUターンが沈静化した30歳代でも，非大都市圏の35道県のおよそ半分で後継ぎ要員に相当する人口を確保できておらず，潜在的他出者仮説の有効性は大きく弱まっている。1956〜60年コーホートは後継ぎ要員の流出傾向が変わり，潜在的他出者仮説の有効性が転換する過渡期にあるといえるだろう。

4.2で後継者充足率の大きさから地域的な特徴が把握されたように，後継者充足率の符号に加えて，その大きさも潜在的他出者仮説の有効性を検討する上で重要な要素である。そこで後継ぎ要員の流出が大きい県として，後継者充足率が−10％未満の県数を示したのが図4-11である。20〜24歳時の県数は1941〜45年コーホートの7県から1966〜70年コーホートの22県まで一貫して上昇するが，1971〜75年コーホートには16県となり，1976〜80年コーホートと1981〜85年コーホートは共に8県にまで減少する。後継ぎ要員の流出は1960年代コーホートがピークであったといえる。このコーホートが20〜24歳に達するのは1985年と1990年でバブル経済期に当たり，東京大都市圏を中心

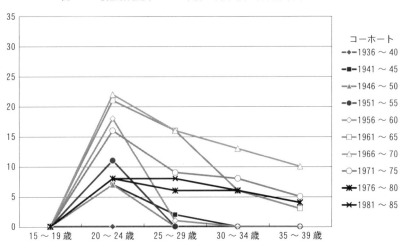

図4-11　後継者充足率−10％未満の県数（男：非大都市圏の35道県）

に建設業等の男性労働力の需要が高まった時期であり，そうした経済的事情が後継ぎ要員の人口移動にも影響を及ぼしたと考えられる。1971〜75年コーホート以降はバブル崩壊後の景気低迷期に20〜24歳を迎えるため，1960年代コーホートに比べると−10％を超えるような後継ぎ要員の流出が少なくなったといえる。1961〜65年コーホートは35〜39歳でも10県が−10％未満となっているが，1966〜70年コーホート以降は35〜39歳で5県程度であり，とりわけ1961〜65年コーホートの後継ぎ要員の流出傾向が強いことがわかる。

⑵ 後継者充足率がマイナスとなる非大都市圏の県数（女）

次に女性について，非大都市圏の35道県のうち後継者充足率がマイナスになる県数を示したのが図4-12である。1941〜45年コーホートでは，全ての年齢で後継者充足率がマイナスとなる非大都市圏の道県は存在せず，1946〜50年コーホートでも20〜24歳と25〜29歳で1県（島根県）しか見られない。男性の場合，1940年代コーホートでは20〜24歳で後継者充足率がマイナスとなる県数が15程度あったことから，後継ぎ要員の人口移動に男女差があり，男性の方が後継ぎ要員の流出傾向が強かったことを指摘できる。1950年代コーホートは20〜24歳で後継者充足率がマイナスとなる県が見られるようになる。

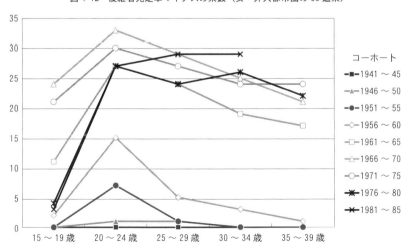

図4-12　後継者充足率マイナスの県数（女：非大都市圏の35道県）

1951〜55年コーホートは25〜29歳にかけて減少し，30〜34歳には0県になっており，後継ぎ要員の流出は一時的で潜在的他出者仮説が有効に機能している。1956〜60年コーホートは20〜24歳のマイナスの県数が15県に増加している。25〜29歳以降に減少する傾向は1951〜55年コーホートと同様であるが，25〜29歳で5県，30〜34歳で3県がマイナスとなっており，35〜39歳で1県にまで減少するものの，後継ぎ要員を超えた人口流出の傾向はやや強まっている。1951〜55年コーホートと1956〜60年コーホートとの間に後継ぎ要員の人口流出の転換点があるという点は，男性と共通していると見てよいだろう。

　1960年代以降のコーホートでは様子が大きく変化している。1961〜65年コーホートは15〜19歳で既に11県の後継者充足率がマイナスで，20〜24歳では27県がマイナスである。25〜29歳以降は減少するが，35〜39歳でも17県がマイナスであり，非大都市圏の道県の約半分で後継ぎ要員を確保できない状態になっている。潜在的他出者仮説の有効性は非常に弱くなっているといえるだろう。1966〜70年コーホートはマイナスの県数がさらに増加し，15〜19歳で24県，20〜24歳で33県もあり，35〜39歳でも20県がマイナスである。1971〜75年コーホートはやや少なくなるものの，15〜19歳で21県，20〜24歳で30県，35〜39歳で21県がマイナスとなっている。1961〜65年コーホート，1966〜70年コーホート，1971〜75年コーホートが15〜19歳に達するのはそれぞれ1980年，1985年，1990年である。この時期はオイルショックによる経済不況を克服してバブル経済期に突入していく時期であるとともに，男女雇用機会均等法が施行され（1986年），女性の社会進出が進んだ時期である。そのため1940〜50年代コーホートに比べて，女性も就業機会を求めて東京圏へ流出する傾向が強くなっており，そうした人口移動パターンの変化が後継者充足率のマイナスの県数となって現れていると考えることができるだろう。

　1976〜80年コーホートと1981〜85年コーホートが15〜19歳になるのは，それぞれ1995年，2000年であり，バブル崩壊後から景気回復を始める時期である。そのため15〜19歳でのマイナスの県数は1971〜75年コーホートまでの3コーホートと比較して少なくなっている。しかし，20〜24歳では27県がマイナスであり，後継ぎ要員の流出がなくなったわけではない。さらに25〜29

歳以降も明確な減少傾向が見られなくなっており，後継ぎ要員がＵターンせずに大都市圏に居住し続ける，あるいは25〜29歳以降も非大都市圏から大都市圏へ流出するという動きが，以前のコーホートよりも強くなったといえるだろう。1976〜80年コーホートは35〜39歳で22県がマイナス，1981〜85年コーホートは30〜34歳で29県がマイナスとなっており，潜在的他出者仮説の有効性は非常に弱くなっている。

男性と比較すると，1956〜60年コーホートが転換点になっている点は共通しているが，1960年代コーホート以降に後継ぎ要員の流出が相対的に増加する傾向は，女性の方がより強いものとなっている。

男性と同様に後継者充足率が−10％未満となる県数も確認しておこう。図4-13にその結果を示している。20〜24歳の県数は1956〜60年コーホートの5県から1966〜70年コーホートの22県まで増加し，1981〜85年コーホートの15県まで減少する。25〜29歳以降は県数が減少するものの，1960年代コーホートは10県の後継者充足率が−10％である。1976〜80年コーホートではやや数が少なくなるが，1981〜85年コーホートでは25〜29歳以降の減少数が少なくなっており，後継ぎ要員に相当する人口が大きく不足する非大都市圏の道県は多いままとなっている。ここからも1960年代以降のコーホートで潜在的

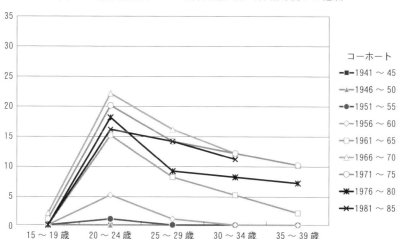

図4-13　後継者充足率−10％未満の県数（女：非大都市圏の35道県）

他出者仮説の有効性が明確に弱まったことがわかる。なお男性と比較すると，1976～80年コーホートと1981～85年コーホートで女性の−10％未満の県数の多さが目立つ。これらの新しいコーホートでは女性の方が男性よりも多く後継ぎ要員が流出したまま出身県へ戻らない傾向が強まっていると考えられる。

(3) 30～34歳の後継者充足率の分布

(1)と(2)の分析は，任意の値を基準としたカテゴリカルなデータによるものであった。その分析からも，潜在的他出者仮説の有効性が1956～60年コーホートを転換点として，1960年代コーホート以降で明確に弱まっていることは確認されたが，後継者充足率の大きさに着目することも重要である。−10％以下の県数からある程度の傾向は見えているが，Uターン移動が沈静化する年齢である30～34歳の後継者充足率のコーホート間差異を分析したい。

図4-14は，男女別に非大都市圏35道県の30～34歳の後継者充足率の分布を箱ひげ図で表している。箱ひげ図は上から順に最大値，75パーセンタイル

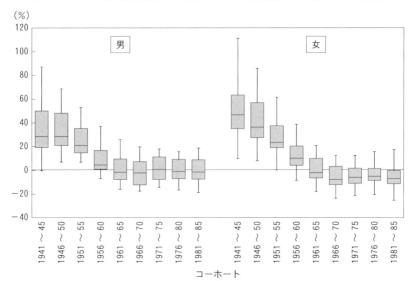

図4-14 30～34歳の後継者充足率の分布のコーホート間比較（非大都市圏の35道県）

注：箱ひげ図は上から最大値，75パーセンタイル値，中央値，25パーセンタイル値，最小値。

値，中央値，25 パーセンタイル値，最小値を示している。まず男性を見ると，1941〜45 年コーホートから 1951〜55 年コーホートまでは，箱ひげ図全体がほぼ 0％以上に位置しており，非大都市圏全域で後継ぎ要員が確保できているが，新しいコーホートほど箱ひげ図の位置が下がっている。1956〜60 年コーホートでは 25 パーセンタイル値がほぼ 0％に位置するようになり，後継者充足率がマイナスとなる県が出現している。1961〜65 年コーホートになると中央値がマイナスとなり，1966〜70 年コーホートではさらに箱ひげ図の位置が下がっている。1971〜75 年コーホートでやや箱ひげ図の位置が上昇するが，その後はおおよそ横ばいで推移している。ここからわかることは，1966〜70 年コーホートまでは新しいコーホートほど箱ひげ図の位置が下に位置するように変化してきており，1956〜60 年コーホートを転換点として 1960 年代コーホートが後継ぎ要員の不足のピークであるということ，そして 1970 年代以降のコーホートになると箱ひげ図の位置がさらに下がるということはなく，潜在的他出者仮説の有効性はおおよそ同程度の弱さで推移しているということである。

　次に女性を見ると，1941〜45 年コーホートから 1951〜55 年コーホートまでは箱ひげ図全体がプラスに位置していること，1956〜60 年コーホートから箱ひげ図がマイナスに位置するようになること，1960 年代コーホートでは中央値がマイナスに位置するようになること，1966〜70 年コーホートまでは新しいコーホートほど箱ひげ図の位置が下がることは，男性と共通している。女性の場合，1966〜70 年コーホートの位置が男性に比べると低く，75 パーセンタイル値がマイナスにかなり近い。約 3/4 の非大都市圏の道県にて後継ぎ要員が不足しているということである。男性は 1971〜75 年コーホートで箱ひげ図の位置がやや上昇するが，女性は 75 パーセンタイル値が若干ではあるが低下しており，男性よりも後継ぎ要員が不足する県が多い状態が継続している。

　男女の比較から見えてくることは，1956〜60 年コーホートを転換点として後継者充足率がマイナスの県が見られるようになって潜在的他出者仮説の有効性が弱まり始め，1960 年代コーホートで明確に有効性が弱くなり，1970 年代以降のコーホートでは有効性の弱さはあまり変化しないが，男性よりも女性の方がより有効性が弱い状態になっているということである。

4.3.2　地域的差異

　4.2のコーホート別分析結果によれば，分析対象としたコーホートで男女ともに非大都市圏に属する多くの道県で後継者充足率がマイナスとなる経験をしている。地方中核都市を持たない県は全てと言ってもいいだろう。そして後継者充足率が小さい，つまり後継ぎ要員の流出傾向が強い県が抽出されており，地域的な差異が存在している。地域ブロックのスケールで見た場合には，東北地方，山陰地方，四国地方，九州地方では後継者充足率が低くなりやすく，その他の非大都市圏のエリアに比べて後継ぎ要員が流出する傾向が強い。これは一時的なものではなく，1956〜60年コーホート頃から継続して見られる特徴であることから，これらの地域では後継ぎ要員を確保できず，家の継承・世帯の再生産を十分に行えない状況が続いていると考えられる。

　表4-1は20〜24歳で後継者充足率が−15％未満，30〜34歳で−10％未満となる経験をしているコーホート数を都道府県別，男女別に集計した結果である。男女とも1941〜45年コーホートから1981〜85年コーホートまでの9コーホートを対象としている。30〜34歳を見ると，男女ともに秋田県，島根県が多く抽出され，男性では鹿児島県や長崎県，女性では山形県や山口県も多く観測されている。30〜34歳で後継者充足率が−10％未満となる県には，20〜24歳で−15％未満となっているものも多く，後継ぎ要員の流出傾向が大きかった県ほど30〜34歳時に後継ぎ要員が不足し，潜在的他出者仮説の有効性が弱まるという関係があると考えてよいだろう。

　地域ブロックのスケールであれ，都道府県のスケールであれ，後継ぎ要員の流出は特定のコーホートのみで見られる一時的な現象ではなく，複数のコーホートに継続して生起している現象である。したがって，今回分析の対象としたコーホートにおいて後継ぎ要員の流出規模が相対的に大きかった地域や都道府県は，今後のコーホートでも後継ぎ要員を確保できない状態が継続する可能性がある。

　図4-15は2005年までに人口が自然減少に転じている都道府県を示しており，自然減少に転じたタイミングで分類している。表4-1で太字・下線になっ

第4章 潜在的他出者仮説の有効性の検証 77

表 4-1 後継者充足率が小さい県と該当するコーホート数（1941〜45年コーホートから1981〜85年コーホート）

該当するコーホート数	男		女	
	20〜24歳後継者充足率−15％未満	30〜34歳後継者充足率−10％未満	20〜24歳後継者充足率−15％未満	30〜34歳後継者充足率−10％未満
9コーホート	島根県			
8コーホート				
7コーホート	秋田県，鹿児島県		島根県	
6コーホート				
5コーホート	長崎県，大分県，宮崎県	秋田県，長崎県，鹿児島県	秋田県，山形県	岩手県，秋田県，山形県，島根県，山口県
4コーホート	鳥取県，愛媛県	青森県，和歌山県，宮崎県		青森県，長崎県
3コーホート	和歌山県，高知県	島根県，山口県	岩手県，新潟県，鳥取県，長崎県，宮崎県	和歌山県
2コーホート	岩手県，山形県，新潟県，富山県，長野県，山口県，徳島県，香川県，佐賀県	大分県	青森県，山口県，高知県，大分県，鹿児島県	高知県，大分県，宮崎県，鹿児島県
1コーホート	青森県，熊本県	愛媛県，高知県，佐賀県，熊本県	福島県，愛媛県	福島県，新潟県，徳島県，佐賀県

注：太字・下線の県は図4-15で1990年代に自然減となっている県

ている県は，1990→95年，1995→00年で自然減少に転じた県を示している。自然減となっている県の多くが，後継者充足率がマイナスとなる状態が継続した県に該当している。上述したように，後継者充足率がマイナスになる状態が続いた県では自県内に後継ぎ要員を確保できず，親世代人口よりも子世代人口の方が少ない状態が長く続いている。その結果，人口の再生産構造が崩れ，出生数の減少と死亡数の増加となり，早い時期から人口が自然減少に転じた可能性がある[3]。

図 4-15 2005年までに人口が自然減に転じた県とそのタイミング

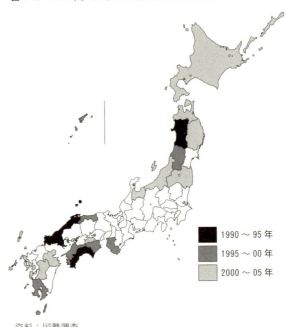

資料：国勢調査

4.4 第Ⅱ部のまとめと考察

　直系家族制規範と人口移動との関係として，第Ⅱ部（第3章と第4章）では潜在的他出者仮説の有効性を詳細に検証した。潜在的他出者仮説の有効性を検証するに当たっては，後継ぎ要員の流出が発生してもUターンによってどの程度まで後継ぎ要員が帰還するかという点が重要な要素となる。直系家族制規範に基づく家族形成行動の考えでは，後継ぎ要員は親と同居あるいは近居することが期待されており，Uターンすべき場所が親の居住地と密接にかかわっている。非大都市圏でもサラリーマン世帯が多くなる世代ほど，農林水産業等の継承すべき物質的基盤を持たない場合が多くなり，居住地の制約が小さくなって親の人口移動が相対的に容易になっている。また炭鉱の閉鎖等，産業構

造の変化に伴う家族単位での人口移動も確認されている。加えて，親が死亡すれば後継ぎ要員がUターンする意味が弱まると考えられることから，親の移動と死亡によって後継ぎ要員である子どものUターン移動が変化するというプロセスを織り込んだ人口移動分析の方法を考案した。それが親の移動と死亡を考慮した後継者理論値の算出であり，それによって潜在的他出者仮説の有効性を検証するための実証分析を行った。

第3章では，既存研究における流出ポテンシャル（平均きょうだい数 n 人について，$\frac{n-2}{n}$ とする）に，きょうだいの出生順位属性と性別属性が考慮されていないという課題があることを踏まえ，後継ぎ要員の理論値を算出する方法を提起した。後継ぎ要員は，後継ぎである長男と女のみきょうだい長女の理論値とその配偶者の理論値から構成されており，それぞれの理論値の算出方法を詳細に説明している。後継ぎの理論値は，親の移動と死亡の影響を母親で代表させ，都道府県別母世代人口に対し，全国と同様の生存する母世代人口と子世代人口との関係が成立すると仮定した場合に得られる子世代理論値の中に，一定の割合で後継ぎ要員が存在すると考えることで算出した。後継ぎの配偶者の理論値は，後継ぎの理論値に対し，生涯初婚行動からわかる夫・妻の配偶者のコーホート別分布割合を与えることによって，任意の年齢ではまだ結婚していない潜在的配偶者も含めて算出するという方法をとっている。これら2つの理論値の合計が後継者理論値であり，都道府県別に男性は1936～40年コーホート以降，女性は1941～45年コーホート以降でその値を得ている。

第4章では，後継者理論値と国勢調査人口との大小関係を表し，都道府県内に後継ぎ要員に相当する人口を確保できているかどうかを判断する指標として後継者充足率を作成し，そのコーホート間差異と都道府県間差異に着目しつつ，潜在的他出者仮説の有効性を検証した。コーホート間差異を見ると，男女ともに1956～60年コーホートから30 34歳で後継者充足率がマイナスとなる県が出現する。そして，このコーホートを転換点として1960年代以降のコーホートでは，30～34歳の後継者充足率がマイナスになる県数が大きく増加し，潜在的他出者を超えて後継ぎ要員に相当する人口も流出したままUターンしていない状況が全国的に見られるようになった。その傾向はとりわけ1960年代コーホートで強く見られ，潜在的他出者仮説の有効性が明確に弱まっている

80 第Ⅱ部 直系家族制規範と人口移動との関係

ことが明らかとなった。地域的差異を見ると，地域ブロックのスケールでは東北地方，山陰地方，四国地方，九州地方で後継者充足率が小さいという特徴が見られた。都道府県のスケールでは男女ともに秋田県と島根県，男性では鹿児島県や長崎県，女性では山形県や山口県で，複数のコーホートにおいて 30〜34 歳の後継者充足率が際立って小さいことが確認された。後継ぎ要員を自県内に確保できないという状況は，特定のコーホートだけに見られる一時的な現象ではなく，複数のコーホートに継続して見られる現象であることが明らかとなっている。また，こうした県では後継ぎ要員に相当する人口を自県内に確保できない状況が続いたことによって地域内の人口再生産構造が崩れ，早い時期から人口が自然減少に転じる要因となった可能性が示唆された。

　潜在的他出者仮説は，直系家族制規範に基づく家族形成行動と人口移動との関係に関する仮説であると同時に，人口転換によって人口移動転換を説明するという仮説でもあった。これについて分析結果をもとに考えてみたい。非大都市圏から大都市圏への流入が大きく発生するのは 10〜14 歳から 20〜24 歳であり，この時期に大都市圏の転入超過が大きかった 1960 年代を経験するのは 1941〜45 年コーホート（1965 年に 20〜24 歳）と 1946〜50 年コーホート（1970 年に 20〜24 歳）が中心である。これらのコーホートはきょうだい数が多く，かつ団塊の世代を含んでいてコーホート規模も大きいため，潜在的他出者が多く存在している。そして，その潜在的他出者の多さが 1960 年代の大都市圏の転入超過に結びついていたといえる。また，1940 年代コーホートの特徴は，男性には 20〜24 歳までに後継ぎ要員も流出して後継者充足率がマイナスとなる県が見られるが，男女ともに 30〜34 歳には十分に U ターンが発生して後継者充足率がプラスに転じているということである。1940 年代コーホートが U ターンする時期に当たるのが 1960 年代後半から 1970 年代前半であり，この時期には規模の大きい U ターンが発生していたと考えられる。これと同時期に大都市圏に流入していたのが 1951〜55 年コーホート（1975 年に 20〜24 歳）であるが，このコーホートは人口転換が終了した世代で平均きょうだい数は 2 人程度となっており，潜在的他出者の割合が小さくなるとともに，団塊の世代を含む 1946〜50 年コーホートに比べてコーホート規模も小さかった。そのため，大都市圏から非大都市圏への流出が非大都市圏から大都市圏への流入を上

回ることとなり，1970年前後の人口移動転換が発生したと考えることができる。人口移動転換の前後で人口移動の中心となったコーホートでは，潜在的他出者仮説が十分に説明力を持っており，したがって，人口転換が人口移動転換を引き起こすという伊藤の主張は，本研究の検証結果を踏まえても妥当なものであるといえる。

　問題になるのは，伊藤が潜在的他出者仮説の考えをもとにして1970年前後の状況から，「日本社会が家の継承・人口再生産の維持をその社会の基本的前提条件としていることに変わりないことを示している」と結論付けた点にある。伊藤は1980年国勢調査までのデータから潜在的他出者仮説を提起しているが，1980年では1951〜55年コーホートが25〜29歳になるタイミングまでしか観測できない。コーホート間差異として確認したように，特に男性で1951〜55年コーホートは20〜24歳から25〜29歳にかけて後継者充足率がマイナスの県数が大きく減少している。30〜34歳の後継者充足率の分布を見ても，ほとんどの都道府県で後継ぎ要員に相当する人口が確保されている。しかし，このコーホートが就職を迎える時期は1970年代半ばであり，オイルショックによる大規模な景気の低迷があった時代であることに着目する必要がある。大江（1995）は，大都市圏での雇用状況が1940年代コーホートに比べて極めて悪かったという経済的な理由から，1951〜55年コーホートは就職先を求めてのUターン移動が相対的に多い世代であったと述べている。伊藤は1956〜60年コーホート以降の人口移動を十分に観測できなかったために，オイルショックという期間的な要因によるUターン移動をコーホート要因として過大に扱ってしまった可能性があるといえるだろう。こうした雇用状況との関係に着目すると，実質的に直系家族制規範に基づく家族形成行動と人口移動との関係が存在していたのは1940年代コーホートまでであり，1951〜55年コーホート以降はその関係が弱まり始めていたと考えることもできる。いずれにせよ，とりわけ1960年代コーホート以降，潜在的他出者を超えて後継ぎ要員まで流出する傾向は非大都市圏全域で見られる傾向となり，人口移動転換後の潜在的他出者仮説の有効性が非常に弱い状態になっていることは間違いない。これは1960年代以降のコーホートにおいて，後継ぎ要員が親と同居または近居するという直系家族制規範が弱まったということを意味している。

なぜ直系家族制規範は弱まったのだろうか。後継ぎ要員が親と同居・近居するのは規範の強さも重要であるが，居住する非大都市圏内で生活基盤を確保できるということも必要である。その基盤を得る方法は2つあると考えられる。1つ目は「親から子への生活基盤の継承」で，自営業や農林水産業等の仕事を引き継がせることによって子どもが経済活動の場を得るというものである。しかし自営業の数はもともと少なく，農林水産業に従事する若年人口は1960〜70年代には既に激減している（人口問題審議会編 1974，熊谷 1997）。農家戸数も減少しており，親から子への生活基盤の提供は1960〜70年代には実質的に機能していなかったといえる。むしろ戦後の直系家族制規範を支えてきたのは2つ目の「非大都市圏での就業機会」であろう。大江（1995）は高度成長期を通じて非大都市圏に新たな雇用が生まれていることを指摘している。上述したように，1951〜55年コーホートはオイルショックによる大都市圏での就業機会の縮小によってUターン移動が大きくなった可能性がある。この背景には出身地へUターンしても就業機会を得ることができるという状況があり，それが後継ぎ要員の非大都市圏での生活を支える基盤になっていたと考えられる。これが1950年代以前のコーホートにおいて，後継ぎ要員が直系家族制規範に基づいた家族形成行動をとることできた理由であるといえるだろう。

　しかし，1980年代以降は効率の面から非大都市圏の雇用市場が大都市圏へと移ることによって，非大都市圏の就業機会が縮小した。例えば，公共事業の縮小や国鉄の民営化などがあげられよう。こうしたことで直系家族制規範に基づく家族形成行動を実質的に支えていた「非大都市圏での就業機会」が縮小したため，後継ぎ要員も就業機会を求めて流出し，Uターンすることなく大都市圏に留まるようになったと考えられる。1951〜55年コーホートではオイルショックの影響で大都市圏の雇用市場が縮小し，非大都市圏へのUターンが増加していたが，1966〜70年代コーホートもバブル崩壊による大都市圏の雇用市場の縮小を経験しているにもかかわらず，後継者充足率がマイナスとなる県数の減少は少なく，Uターンはあまり発生していなかったと推察される。1990年代は既に非大都市圏の雇用市場が縮小しており，生活基盤が確保できないためにUターンしたくても実質的に不可能であったということも背景にあるだろう。

第4章 潜在的他出者仮説の有効性の検証 83

　人口移動を説明する要因として注目されてきた経済的要因であるが，その多くが1人当たり県民所得格差や雇用機会という変数と純移動との関係から説明されるものであり，若年労働市場の地域的差異や就業需給等の状況と人口移動との関係は十分に明らかにされてはいない。本研究が潜在的他出者仮説の有効性を検証したことから得られた知見は，それらの要素が人口移動の説明変数として有力である可能性を指摘している。この点については今後，労働力調査や就業構造基本調査などを用いて実証分析をする必要があるだろう。

　ここまで述べてきた内容は，潜在的他出者仮説の有効性のコーホート間差異を説明するものであったが，分析結果から得られた地域的差異についても，雇用機会の地域格差から説明できる部分が大きいと考えられる。ここでは地域的差異を生む要因として，さらに文化・家族の地域性を加えておきたい。熊谷（1997）は蒲生（1960）の村落社会の類型から，日本文化を東北文化と西南文化に分類している。そして，それぞれの特徴として，東北文化は本家・分家の上下主従の関係が社会慣行として強く存在し，結婚や財産に関して本家の指図を受ける風習があるとし，それに対して西南文化は年齢階級制が社会慣行として存在していると述べている。この東西の相違，つまり，イエ的，家父長的，主従制的な東北と，ムラ的，年齢階級的な西南という違いが家族の地域性を生み出す要因になっていることを指摘している。清水（1985）は「三世代的世帯」への転換年齢によって，全国の地域を7つの世帯動態パターンに分類している。そこから，比較的若い時期に三世代的世帯帰属に転換し，その比率も高い地域が東北，北陸地域に分布しているのに対して，比較的遅い時期に三世代的世帯帰属に転換し，その比率も低い地域は南九州，北海道，東京大都市圏，阪神大都市圏に分布していることを明らかにしている。清水はこの結果について，前者に近い型は東北日本地域に，後者に近い型は大都市圏および西南日本地域に分布していると指摘している。また，熊谷（1997）は都道府県スケールでの家族の地域性についても言及しており，後継予定者の有無別農家数の地域的差異に着目し，北海道，九州で無後継予定者農家の割合が高いことを明らかにした。そこから，これらの地域では，直系家族制規範に見られる家族継承という観念が他地域よりも希薄であると解釈できるとしている。

　これらの既往研究が示すように，日本の家族は地域ブロック，都道府県に

よって異なる様相を呈しており，潜在的他出者仮説の有効性の地域的差異の要因となっていると考えられる。今後，潜在的他出者仮説の有効性の地域的差異を検討するに際しては，こうした家族の地域性が重要な視点となるだろう。

第Ⅲ部

少子化と人口移動との関係

第 5 章

第二の人口転換と第二の人口移動転換

5.1 人口転換後の晩婚化世代の家族形成行動と人口移動

　本章では第Ⅱ部の結果を踏まえ，新しい世代における家族形成行動と人口移動との関係を捉える枠組みについて考えてみたい。

　第 4 章で潜在的他出者仮説の有効性を検証したところ，1956〜60 年コーホートを転換点として，1960 年代以降のコーホートでは，後継ぎ要員も非大都市圏から流出したままで十分な U ターンが発生しておらず，同仮説の有効性が非常に弱くなっていることが明らかとなった。こうしたコーホートでは，後継ぎが親と同居・近居するという直系家族制規範に基づく家族形成行動がとられなくなっており，伊藤（1984）が考えていた人口移動と家族形成行動との関係が崩れている。しかしながら筆者は，家族形成行動が人口移動を規定する要因として重要であるという基本的視座が有効性を失ったわけではないと考える。経済的要因だけで人口移動を説明できない以上，人口学的要因，特に移動者の家族属性に着目することは今後も不可欠な視点であるだろう。

　1990 年代に入って，潜在的他出者がコーホート別人口の中で大きな割合を占めていた 1930〜40 年代コーホートの子世代にあたる 1960〜70 年代コーホートが 20〜30 歳代という人口移動の中心を担う年齢となっている。この世代は第 2 次ベビーブーム世代を含む人口規模の大きい世代であり，人口移動への影響も小さくない。さらにこの世代が潜在的他出者仮説の有効性が弱まっている世代であるということは，この世代において人口移動と家族形成行動との新しい関係性が生じている可能性を示唆しており，その関係を捉えるための分析枠

組みを構築することが必要になっているといえる。

　第2章でも述べたように，潜在的他出者仮説は，直系家族制規範に基づく家族形成行動を媒介にして，人口転換が人口移動転換を引き起こすという関係性を提示していた。人口転換理論では，少産少死の段階になると出生率の低下は止まり，人口置換え水準で安定的に推移すると考えられていた。しかし，日本の出生率は1975年から人口置換え水準を下回る低下が続いている。この時期は1960年以降に出生するコーホートが15歳以上になる時期であり，その後は1989年の1.57ショックに見られるように明確な少子化状態に陥っている。1970年代から少子化状態に至るまでの出生率低下の要因として，晩婚化や晩産化といった結婚行動や出産行動のタイミングの遅れが指摘されており，特に晩婚化の寄与が大きいとされる[1]。国勢調査によると1941〜45年コーホートの男性の25〜29歳の未婚率は46.5％であるが，1971〜75年コーホートでは69.3％である。同様に女性は18.1％と54.0％であり，1971〜75年コーホートの未婚率が極めて高いことがわかる。有配偶状態よりも未婚状態の方が，個人の意向で居住地選択が可能で移動しやすいと考えられるため[2]，未婚率の高さが示す結婚の遅れという結婚規範や結婚行動の変化，つまり家族形成の基本的条件の変化が人口移動の変化に結びついている可能性がある。

　ここで晩婚化を「自らの生殖家族[3]の形成を遅らせる」という家族形成行動の傾向として捉えてみたい。このように考えると，直系家族制規範に基づく家族形成行動と人口移動との関係に着目した潜在的他出者仮説の有効性は1960〜70年代コーホートでは弱まっていたが，その背景には晩婚化という家族形成行動が広まっていたと解釈することができる。つまり，晩婚化と人口移動との新しい関係が生じたことによって，潜在的他出者仮説の有効性が弱まった可能性があるということである。晩婚化に着目すると，1960年前後に生まれた女性コーホートを境に出生率低下メカニズムは一時的低下型から実質的低下型へと移行し（金子 2004），これらの世代から晩婚化が明瞭になっている（大淵 2004）。1960年代以降出生の世代は，人口転換後の晩婚化世代と捉えることができよう。また，高学歴・上層ホワイトカラーの女性で晩婚化の進行が早いこと（阿藤 1994）や，高学歴女性の初婚確率が低いこと（津谷 2011）が明らかにされている。女性の高学歴化，職場進出が進むにつれて女性の稼得能

88　第Ⅲ部　少子化と人口移動との関係

力は増大し，経済的自由が拡大している。それは女性にとって結婚の機会費用が増大することを意味し，高学歴で就業状態にある女性ができるだけ結婚を遅らせる動機となり，晩婚化を進め，少子化を引き起こしている（大淵 1997）。他にも晩婚化の原因として結婚の供給面と需要面を挙げ，結婚のミスマッチ現象と結婚の経済的・情緒的魅力の減少を指摘する報告もあるが（阿藤 1992，湯沢 1988，河野 1995），女性の就労と高学歴化が晩婚化の大きな要因であり，それが少子化を引き起こしているという視点は共通している。

　少子化は第二の人口転換（van de kaa 1987）とも呼ばれる現象であり，上述したように日本では 1990 年頃から明確になっている。伊藤が潜在的他出者仮説で提示した人口転換が人口移動転換に結びつくという枠組みから考えると，第二の人口転換も第二の人口移動転換に結びつくという命題が想起される。これが命題足りうるには，第二の人口移動転換に相当する人口移動の変化が存在しているのか，もし存在するならば第二の人口転換と第二の人口移動転換との間にはどのような関連性があるのかを明らかにする必要がある。これが，第Ⅲ部（第 5 章・第 6 章）の基底を成す問題意識であり，すなわち少子化と人口移動との関係への接近である。

5.2　東京圏をめぐる近年の人口移動の大きな変化

5.2.1　東京圏の転入超過数の変化

　少子化と人口移動との関係について考えるに当たり，近年確認されている人口移動の顕著な変化として，1990 年代半ば以降の東京圏の転入超過の拡大に着目してみたい。住民基本台帳人口移動報告によると，1990 年代半ば以降の東京圏の転入超過数は 2007 年にバブル経済期に匹敵する水準にまで達し，2008 年のリーマンショックを機に縮小したものの，2012 年以降は再びバブル経済期の水準を目指す動きを見せている（図 5-1）。この転入超過数の性比の推移を見ると（図 5-2），1980 年代の性比は 140〜160 程度で男性の寄与が明確に大きかったが，1990 年代後半から 2008 年頃までの性比は 100 程度になり男

女の寄与が同程度になっている。リーマンショック後には性比がさらに低下して 2010 年頃から 70〜80 程度となり，女性の寄与の方が大きくなっている。こうした点から考えると，1990 年代後半以降の東京圏の転入超過の拡大の背後には，人口移動の性別構造の変化があり，女性の移動の寄与が大きくなってい

図 5-1　三大都市圏の転入超過数の推移

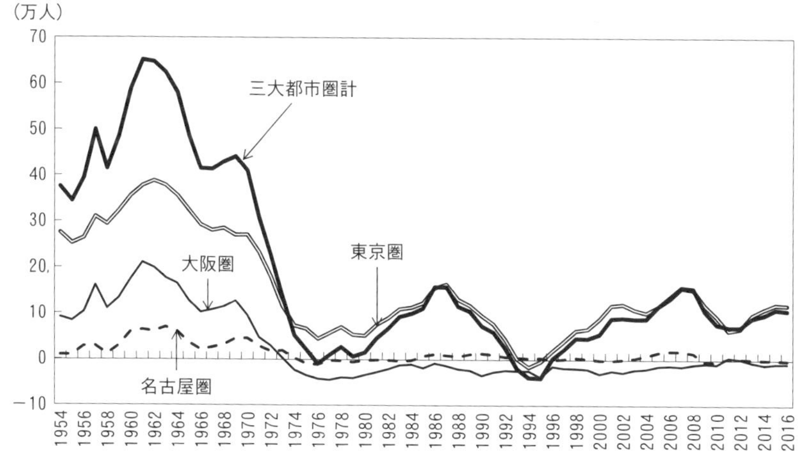

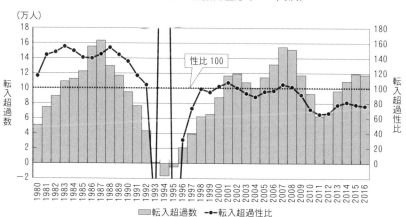

資料：住民基本台帳人口移動報告年報

図 5-2　東京圏の転入超過数と性比（1980 年以降）

資料：住民基本台帳人口移動報告年報

るということがわかる。

　東京圏の転入数と転出数をそれぞれ見ると（図5-3），1990年代半ばからリーマンショックが発生する2008年までの転入超過の拡大期では，転入数は安定的に推移しているが，転出数は明確な減少傾向がある。リーマンショックの影響で転入数はやや減少するが，その後はやはり安定して推移し，2014年から2015年にかけて若干の増加が見られる。転出数はリーマンショック期にやや増加するものの，再び緩やかな減少となり，結果的に転入超過数は拡大することとなった。リーマンショックの影響は見られるが，1990年代半ば以降の東京圏の転入超過の拡大は，転出数の減少によるところが大きく，言い換えれば転入者が東京圏に留まる傾向が強まったことによって引き起こされたと見てよいだろう[4]。

　東京圏の転入数と転出数の性比を図5-4に示している。両者とも1990年頃から低下を始めるが，転入性比が一貫して低下し続ける一方で，転出性比はリーマンショック前後の変動はあるものの，2000年ごろからは140程度で横ばいに推移している。図5-3の転入数と転出数の変化とあわせて考えると，転入数は総数としては変化が小さいが女性の転入数は増加しているといえる。ま

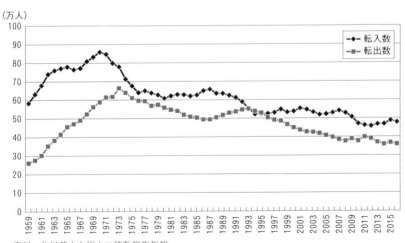

図5-3　東京圏の転入数と転出数の推移

資料：住民基本台帳人口移動報告年報

第 5 章　第二の人口転換と第二の人口移動転換　　91

図 5-4　東京圏の転入性比と転出性比の推移

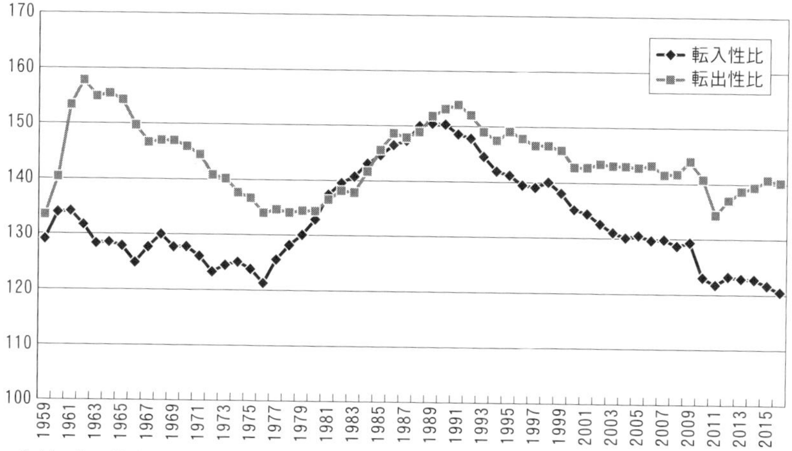

資料：住民基本台帳人口移動報告年報

た転出数は総数として減少しているが，男性の寄与が大きいままになっている。つまり，女性は男性に比べて東京圏に転入する傾向，東京圏に残留する傾向ともに強くなっているということであり，その結果として，女性が東京圏へ集中するようになったという変化が，1990 年代半ば以降の東京圏の転入超過の拡大に大きく影響したと考えることができる。

5.2.2　東京圏のコーホート・シェア分析

　1990 年代半ば以降の東京圏の転入超過の拡大について，女性の移動の変化の影響が大きいという可能性が示唆されたが，人口移動の総数の変化から判断されたものであるため，実態をより正確に捉えるには，年齢別の人口移動パターンの変化を考える必要がある。住民基本台帳人口移動報告の場合，年齢別移動数が表章されるようになったのは 2010 年以降であり，ごく最近のことしかわからず，転入・転出の年齢パターンの変化がいつごろから発生しているのかは分析できない。そこで国勢調査の年齢別人口の変化，すなわち人口分布変動の結果を分析することにより，年齢別人口移動傾向の変化を検討したい。

　ここではコーホート・シェアを用いて東京圏の人口移動を分析する。コー

ホート・シェアとは，あるコーホートの全国人口のうち，ある地域に居住する人口の割合であり，当該地域のコーホート人口を同一コーホートの全国人口で除した値である[5]。図5-5は東京圏のコーホート・シェア（男女計）を示しており，それぞれのコーホートが加齢に伴って東京圏にどのような割合で居住してきたのかを表している。このとき，東京圏とそれ以外の地域の死亡率の差が十分に小さく，国際人口移動が無視できる大きさであると考えれば，コーホート・シェアの変化は人口移動の結果として解釈できる[6]。

1930年代コーホートは10〜14歳から20〜24歳にかけての転入超過によってシェアが大きく上昇し，その後は定常状態になる。1940〜60年代コーホートは，1930年代コーホートと同様に20〜24歳までの転入超過によってシェアが大きく上昇するが，25〜29歳以降は還流移動によってシェアが低下するという動きを見せていた。しかし，1970年代以降のコーホートでは25〜29歳以降もシェアが上昇し，東京圏への人口集中が続くようになっている。また，1960年代以降のコーホートは過去に東京圏への集中傾向を強めた1930年代以

図5-5 東京圏（男女計）のコーホート・シェア

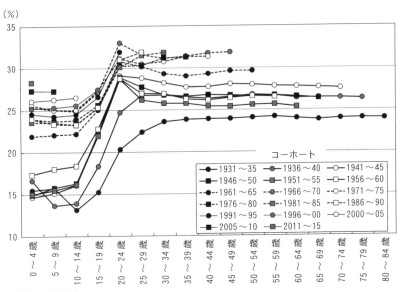

資料：国勢調査

降のコーホートの子ども世代に当たる大都市2世である。これらのコーホートの0～4歳シェアは25%前後に達しており，東京圏生まれの増加による自然増加も東京圏への人口集中に寄与してきた。ただし，未婚率の高さから東京圏の出生率は全国よりも低い水準にとどまっている。

1970年代以降のコーホートにおいて，25～29歳以降も東京圏への人口集中が続くようになっており，東京圏をめぐる人口移動の年齢パターンは大きく変化してきている。ただ，10～14歳から20～24歳にかけて大きく上昇するという点は，いずれのコーホートでも共通している。この年齢層では，進学や就職による移動が多く発生する。10～14歳から20～24歳にかけての純移動数の性比をコーホート別に示したのが図5-6である。この年齢層では東京圏から流出する人口は少ないと考えられるため，これを東京圏への流入の性比を代替する値と考えてみたい。1956～60年コーホートから1966～70年コーホートまでの3コーホートでは，バブル経済の影響で建設業等に従事する男性労働者が大量に流入したために性比が高くなっているが，それを除くと，当該年齢層の人口移動の性比は一貫して低下する傾向にある。つまり，最もコーホート・シェアが上昇する年齢層において，新しいコーホートほど女性流入の寄与が大きくなってきており，女性の東京圏への人口集中傾向が強まっているということで

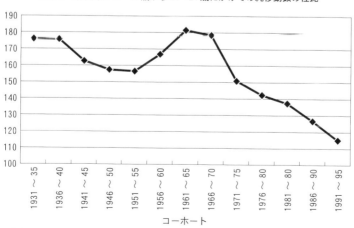

図5-6 東京圏の10～14歳から20～24歳にかけての純移動数の性比

資料：国勢調査

ある。また，上述したように10〜14歳から20〜24歳にかけては，進学や就職による地域間移動が多い年齢層であることから，女性でも，そうした理由による東京圏への流入傾向が強まっているといえるだろう。

次に25〜29歳以降の人口移動の男女による違いを分析する。東京圏の男女別のコーホート・シェアについて，10〜14歳から20〜24歳へのシェア上昇ポイントを分母に，10〜14歳から25〜29歳，30〜34歳，35〜39歳，40〜44歳，45〜49歳へのシェア上昇ポイントを分子にして算出した比を示したものが図5-7と図5-8である。この値は10〜14歳から20〜24歳にかけて上昇したコーホート・シェアのうち，25〜29歳以降の任意の年齢時点で，どの程度東京圏に留まっているのか，あるいはどの程度追加でシェアが上昇したのかを意味している[7]。男女とも，20〜24歳以降にシェアが低下するという傾向が過去のコーホートでは見られたが，新しいコーホートでは値が1.0を超えるようになり，25〜29歳以降もシェアの上昇が続いている。この変化が見られるのは2000年以降である。25〜29歳以降に東京圏へ流入する人口が増えたことも影響していると考えられるが，図5-3でも示しているように近年の東京圏の転入超過の拡大には転出の減少が大きく寄与していることから，このシェア変動パ

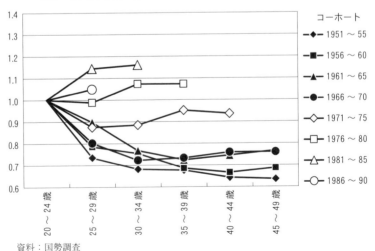

図5-7　東京圏（男）10〜14歳から20〜24歳へのシェア上昇に対する10〜14歳から各年齢層へのシェア上昇の比

資料：国勢調査

図 5-8 東京圏（女）10～14 歳から 20～24 歳へのシェア上昇に対する 10～14 歳から各年齢層へのシェア上昇の比

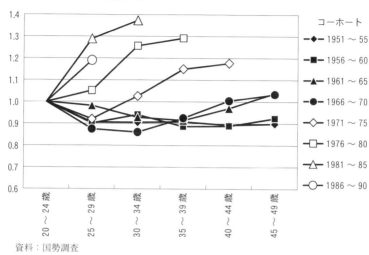

資料：国勢調査

ターンの変化も転出の減少，すなわち東京圏に残留する傾向が強まったことが影響している可能性がある。コーホート間差異を見ると，バブル経済期の影響でややわかりにくくなっている部分はあるが，男女ともに新しいコーホートの方が値は大きくなっており，東京圏に残留する傾向が強まっていると見てよいだろう。男女を比較すると，いずれのコーホートでも女性の値の方が大きく，25～29 歳以降の残留傾向あるいは流入傾向は女性の方が強いといえる。

5.2.3 移動理由の変化

2002 年就業構造基本調査には，常住地移動の集計結果の中に過去の都道府県間の転居理由に関する項目[8]があり，男女別に 3 つの転居発生のタイミング（過去 1 年間，過去 5 年間，総数）で分類されている。この転居理由について年齢別のデータは得られないが，人口移動が年齢に大きく依存する現象であることを踏まえると，過去 1 年間，過去 5 年間，総数の順に転居理由は新しいコーホートの傾向が強く反映されたものとして解釈することができる。図 5-9 と図 5-10 は男女別に全国の都道府県間転居の理由を割合で示したものである。

この割合を総数と過去1年間の比較を中心に検討してみよう。

図5-10で女性の転居理由の変化を見ると,「本人の仕事の都合」が10.1%から20.3%へとほぼ2倍になり,「通学のため」が5.7%から20.0%へとほぼ4倍になっている。この傾向は男性でも見られるが,女性ほど顕著な変化とはなっ

図5-9 全国(男)の都道府県間転居の理由

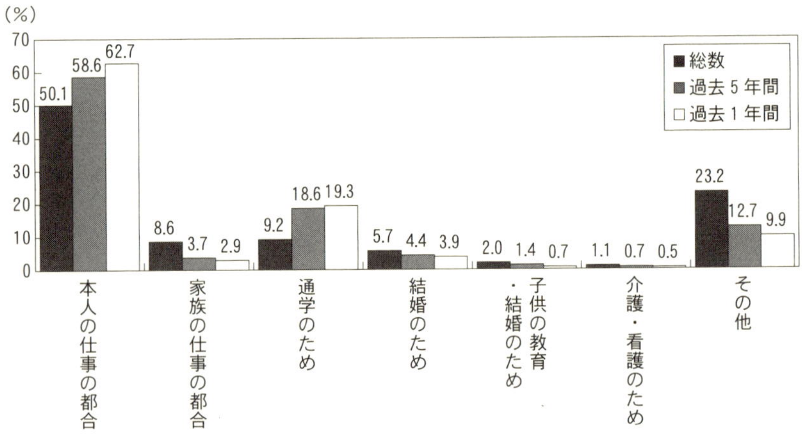

資料:平成14年就業構造基本調査

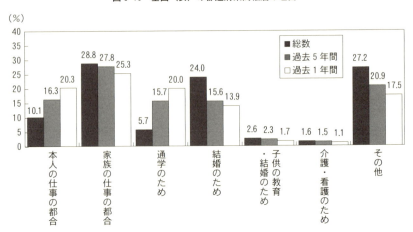

図5-10 全国(女)の都道府県間転居の理由

資料:平成14年就業構造基本調査

ていない（前者は 50.1%→62.7%，後者は 9.2%→19.3%）。とりわけ，過去 1 年間の「通学のため」の割合が男女ともに 20%程度になっているという点は，通学に関する都道府県間移動の男女差が解消されてきていることを示しているといえるだろう。加えて女性で注目すべきなのは，「結婚のため」が大きく低下している点（24.0%→13.9%）であり，「本人の仕事」と「通学のため」の変化とあわせて考えると，都道府県間移動の目的の男女差は縮小しているといえる。その一方で，女性の「家族の仕事の都合」にはあまり変化が見られない。これはほとんどの場合，配偶者の仕事の都合と考えられるが，結婚している場合には女性の移動が制約される，あるいは夫の意向によって移動の有無が決定されるという構造があるということを示唆している。しかし，それは未婚状態にある女性の移動の自由度が，相対的に高くなっているという解釈も可能である。

　次に同様のデータで，東京都への転入理由の変化を見てみよう（図 5-11，図 5-12）。就業構造基本調査の当該データには圏域単位での集計がなく，また転居理由に関して移動前と移動後の居住地の都道府県の情報がないため，東京圏への転居理由としてデータを加工できない。そのため，東京都を東京圏の代表として分析する。男女とも「本人の仕事の都合」と「通学のため」が上昇し，「家族の仕事の都合」と「結婚のため」が低下している。特に「通学のため」を見ると，総数では男性の方が大きい割合となっているが（男 13.9%，女 10.3%），過去 1 年間では女性の方が大きい割合となっている（男 25.7%，女 28.2%）。「通学のため」を理由とする転居には，大学への進学が多く含まれていると考えられることから，新しいコーホートでは女性の進学目的での東京都，東京圏への転入が活発になっているといえる。

　女性の転居理由を全国と東京都で比較すると，東京都への転居の方が，「本人の仕事の都合」と「通学のため」の割合が大きい。その割合のポイント差を見ると，「本人の仕事の都合」は総数，過去 5 年間，過去 1 年間の順に 4.1 ポイント（14.2%－10.1%），6.1 ポイント（22.4%－16.3%），4.6 ポイント（24.9%－20.3%），同様に「通学のため」は 4.6 ポイント（10.3%－5.7%），6.0 ポイント（21.7%－15.7%），8.2%ポイント（28.2%－20.0%）である。「通学のため」は順にポイント差が明確に拡大しており，「本人の仕事の都合」も総数

図 5-11　東京都への転入理由（男）

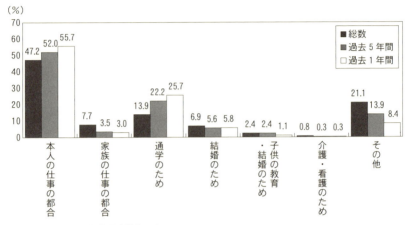

資料：平成 14 年就業構造基本調査

図 5-12　東京都への転入理由（女）

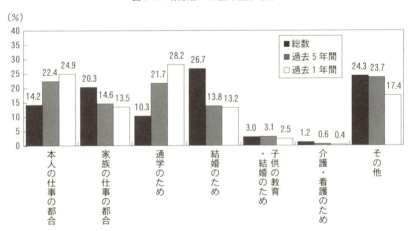

資料：平成 14 年就業構造基本調査

より過去 5 年間のポイント差が大きいことから，新しいコーホートほど東京圏に流入する女性では，進学移動と就職移動の両方が全国的な都道府県間移動の水準よりも卓越するようになってきていると見てよいだろう。したがって，新しいコーホートほど，東京圏に進学・就職目的で流入する女性が相対的に増加

しているということを念頭におく必要がある。

5.3 東京圏に流入する女性の結婚行動

近年の人口移動に関する既往研究には，大都市圏全体では特に女性の転入者の残留傾向が強まっているという指摘がある（清水 2010）。また，移動者に占める女性の割合の上昇（中川 2005）や，女性のほうが男性よりもＵターン等の帰還移動率が低い（国立社会保障・人口問題研究所 2006）といった報告もある。これらの知見と上述した分析結果から考えると，以前よりも進学や就職目的で東京圏に流入する女性が相対的に増加し，彼女らが東京圏に留まるという新しい人口移動パターンが，東京圏の転入超過の拡大に結びついていると考えられる。

1990 年代以降に 20〜30 歳代という移動率の高い年齢を迎えるのは，1960 年代以降のコーホートであり，これらのコーホートの地域間移動が東京圏の転入超過の拡大の中心を担っている。そして，これらのコーホートが少子化を牽引する晩婚化世代であることを踏まえれば，少子化と東京圏の転入超過の拡大との間に何らかの関連性があることが想起される。すなわち，1990 年代半ば以降の東京圏の転入超過の拡大を第二の人口移動転換とみなした場合における，それと第二の人口転換である少子化との関連性である。潜在的他出者仮説では，人口転換が人口移動転換を引き起こすという因果関係が示されていたが，第二の人口転換と第二の人口移動転換との関係は，因果関係の方向も含めて考える必要がある。そこで次章では，この関連性を考えるための探索的な取り組みとして，より移動傾向の変化が顕著である女性に着目し，東京圏内に居住する女性が，出身地によって異なる結婚行動[9]をとっているのかを明らかにするため，未婚状態で東京圏に流入した女性と東京圏出身女性の未婚率を比較する。もし未婚状態で東京圏に流入した女性の未婚率の方が高ければ，人口移動と全国的な未婚率上昇（晩婚化・非婚化）との関係について，何らかの新しい知見を得ることができるだろう。

近年の人口移動について，移動者の社会的属性をみると，5.2.3 で指摘した

ように女性では進学や就職目的で東京圏に転入する傾向が強まっている。既往研究でも同様の指摘があり，大学進学のための移動が大都市圏—非大都市圏間の移動で重要な位置を占めるようになり（中川 2001），大卒以上の高学歴女性の東京圏への選択的移動が顕在化している（中川 2005）。東京圏は高学歴者と親和性の高い就業機会に恵まれており，大学卒業後も東京圏に居住して就業する女性が多いため，結果的に東京圏に流入した女性は高度な専門知識を必要とする職に従事する割合が高くなる。専門・管理職で大都市残留傾向が強いという指摘もあり（清水 2010），東京圏に流入した女性の中での高学歴就業女性の増加に結びつくため，初婚タイミングの遅れにつながることになる。以上の知見からは，未婚状態で東京圏に流入した女性の方が，未婚率が高い集団であると考えることができる。

　その一方で，晩婚化の要因としてパラサイト・シングルの存在を指摘する議論がある（宮本他 1997，山田 1999 など）。これは端的に言えば，離家の遅れが晩婚化を促進するという主張である。これに依拠して考えるならば，未婚状態で東京圏に流入した女性の多くは離家しているため，初婚タイミングは早くなると考えるのが自然である。離家経験が初婚を早める影響は，他の社会経済要因よりも大きいという報告もある（菅 2011）。既往研究の知見を見る限り，未婚状態で東京圏に流入した女性は，未婚率が高くなる要素と低くなる要素の両方を持っており，結果的にどの程度結婚する集団であるかは直ちに判断できない。

　以上の見解を踏まえ，次章では第二の人口転換と第二の人口移動転換との関係を捉えるべく，1990 年代半ば以降に人口移動の大きな変化がある東京圏に着目し，未婚状態で東京圏に流入した女性と東京圏出身女性の未婚率の比較分析を通し，東京圏に流入した女性がどの程度結婚する集団であるかを明らかにすることを試みる。既往研究では人口移動と出産行動との関係に着目した成果は見られるが（小池 2006，2009，2014），人口移動と結婚行動の関係に直接言及しているものは非常に限られている。そうした点においても，第 6 章の分析は日本の少子化を理解するための新しい視点を提供できる可能性がある。

第6章

東京圏に居住する女性の未婚率の比較分析

6.1 分類別女性人口の推定

6.1.1 全国女性人口の分類

　前章で述べたように第二の人口転換と第二の人口移動転換との関連性を探索的に検討すべく，1960～70年代コーホートが少子化を牽引する世代であると同時に1990年代半ば以降の東京圏の転入超過拡大の中心的な役割を担っている点に着目する。そして，未婚状態で東京圏に流入した女性と東京圏出身女性の未婚率の比較分析から，少子化と人口移動との関係への接近を試みる。未婚状態で東京圏に流入した女性が東京圏出身の女性よりも未婚率の高い集団であることが明らかになれば，彼女らが晩婚化傾向の強い集団であることに加え，東京圏ひいては全国の未婚率を上昇させる効果を持つことを指摘できる。すなわち，人口移動が少子化を促進させるという構造である。

　分析対象とする女性は，1941～45年コーホートから1991～95年コーホートまでの11の5年コーホート，20～24歳から35～39歳の4つの5歳階級年齢とした。1940～50年代コーホートも分析対象に加えることによって，第4章の潜在的他出者仮説の有効性の分析から明らかとなった直系家族制規範に基づく家族形成行動と人口移動との関係と，少子化と人口移動との関係の時系列変化を平行して分析できる。分析に使用する配偶関係別人口データは国勢調査から得ており，年齢不詳，配偶関係不詳は除いている。地域別初婚件数として人口動態統計のデータを利用しており，これが日本人のみの集計であることか

ら，配偶関係別人口データも日本人人口を利用すべきであるが，1975年以前の国勢調査では，年齢別人口では日本人人口が得られるものの，配偶関係別人口は日本人と外国人の別に表章されていない。そのため，1980年以降の国勢調査では日本人の配偶関係別人口，1975年以前の国勢調査では国籍総数の配偶関係別人口を分析対象とすることとした。1975年以前の国勢調査データを使用するのは，1941～45年コーホートの20～24歳，25～29歳，30～34歳，1946～50年コーホート20～24歳，25～29歳，1951～55年コーホートの20～24歳である。なお，1975年国勢調査の年齢別人口で20～39歳の女性人口（国籍総数）に占める外国人の割合は0.58％，1970年国勢調査では0.53％，1965年国勢調査では0.51％であり，外国人人口の規模は分析結果を左右するほどの大きさではないと判断した。

　まず，分析対象のコーホート別，5歳階級年齢別に出身地，現住地，配偶関係属性，初婚経験時の居住地によって全国女性人口を図6-1のように分類する。このA～Hの記号は本章を通じて使用する。東京圏は埼玉県，千葉県，東京都，神奈川県の一都三県である。「出身地」は中学校卒業時の居住地を想定し，国勢調査では10～14歳時の居住地を出身地として扱う。「既婚者」とは，配偶関係別人口の有配偶，死別，離別の合計で，初婚を経験した女性を意味する。これにより初婚経験によって未婚から既婚へと移行し，既婚から未婚への移行はないという一方向の変化として配偶関係属性を捉えることができる。「流入者（C＋D＋E）」は出身地が東京圏外で，任意の5歳階級年齢時に東京圏に居住している女性である。そのうち，初婚経験前に東京圏に流入した女性を「未婚流入者（C＋D）」，初婚経験後に流入した女性を「既婚流入者（E）」とする。このように全国の女性人口を分類すると，未婚状態で東京圏に流入した女性は未婚流入者（C＋D）であり，東京圏内で初婚を経験しうる流入者も未婚流入者（C＋D）となる。この時，東京圏出身者の未婚率は$\frac{A}{A+B}$，未婚流入者の未婚率は$\frac{C}{C+D}$と表される。両者の未婚率を比較するにあたり，未婚率の差（未婚流入者の未婚率－東京圏出身者の未婚率）に着目する。未婚率の大きさは任意の年齢までの結婚行動の結果であり，未婚率の差の大きさを分析することによって未婚流入者と東京圏出身者のどちらが結婚を選択しない傾向の強い集団であるか，またその差が年齢やコーホートによって変化してい

図 6-1　全国女性人口（20〜39歳）の 8 分類

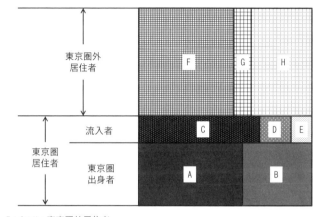

F＋G＋H：東京圏外居住者
　F：東京圏外居住の未婚者
　G：東京圏外居住の既婚者のうち，東京圏内で初婚を経験した女性
　H：東京圏外居住の既婚者のうち，東京圏外で初婚を経験した女性
C＋D＋E：流入者
　C＋D：未婚流入者（未婚状態で東京圏に流入した女性）
　　C：未婚の流入者
　　D：既婚の流入者のうち，初婚経験前に東京圏に流入した女性
　E：既婚流入者（既婚の流入者のうち，初婚経験後に東京圏へ流入した女性）
A＋B：東京圏出身者
　A：東京圏出身の未婚者
　B：東京圏出身の既婚者

るかを明らかにすることができる。

　上記の未婚率の差を得るにはA，B，C，Dの値を個別に得る必要があるが，国勢調査では出身地や移動歴によって分類された人口は得られない。そこで，人口動態統計データの利用やIPF法等の収束計算によってこれらの値を推定し，未婚率を算出する。

6.1.2　東京圏出身者の人口移動に関する仮定

　東京圏出身者（A＋B）の中には，東京圏外に流出する女性も存在しているが，そのような女性があまり多くはないということを踏まえ[1]，ここでの分析

では，任意の年齢（20〜39歳）の東京圏出身者（A＋B）の数は，10〜14歳時の東京圏人口（全て東京圏出身者（A＋B））を基準とした封鎖人口として捉えることとした。この方法には未婚率の差を分析するに際してのメリットもあり，詳細は後述する。分析対象年齢の上限である39歳までは死亡の影響は小さいため，居住地や配偶関係属性による生残率の差は無視できるものと考え，封鎖人口の計算に必要となる生残率は，全国の完全生命表から算出した値を使用した。

　封鎖人口とすることで，東京圏出身者（A＋B）の東京圏外への流出を考慮しない分，任意の年齢時点での東京圏出身者数（A＋B）は実際よりも大きい値として得られることになる。東京圏居住者数（A＋B＋C＋D＋E）は国勢調査から得られるため，それと東京圏出身者数（A＋B）の差が流入者数（C＋D＋E）となるが，東京圏出身者数（A＋B）が実際より大きい値として得られるので，流入者数（C＋D＋E）は実際よりも少なく見積もられることになる。ところで，第3回人口移動調査（厚生省人口問題研究所 1991）の公表データからは，未婚者の方が既婚者に比べて都道府県間移動率が高いという結果が得られる[2]。この移動率の大小関係が東京圏出身者（A＋B）にも同様に成立すると考えるならば，流出を考慮するケースでは考慮しないケースに比べて東京圏出身者（A＋B）の未婚率が低くなる。例えば，任意の年齢での東京圏出身者（A＋B）の東京圏残留率が未婚者で80％，既婚者で90％である場合，死亡の影響を省略すると，未婚率の大小関係は，流出あり未婚率 $\left[\dfrac{0.8A}{0.8A＋0.9B}\right]$ ＜流出なし未婚率 $\left[\dfrac{A}{A＋B}\right]$ である。したがって，東京圏出身者の東京圏外への流出が一定の幅で変動すると想定した場合，流出が発生しないケースで東京圏出身者（A＋B）の未婚率は取り得る最大値になり，東京圏出身の未婚者数（A）も取り得る最大値となる。東京圏の未婚者数（A＋C）は国勢調査から得られるため，そこから東京圏出身の未婚者数（A）の最大値を引いて得られる未婚の流入者数（C）は取り得る最小値となり，流入者の未婚率も取り得る最小値となる。すなわち，流出を考慮しない封鎖人口の場合，未婚率の差（未婚流入者の未婚率－東京圏出身者の未婚率）は，未婚流入者の未婚率の取り得る最小値から東京圏出身者の未婚率の取り得る最大値を引いた値となるため，取り得る最小値となる。この条件で未婚率の差（未婚流入者の未婚率－東京圏出身者

の未婚率）がプラスであれば，ほぼ確実に未婚流入者の方が東京圏出身者よりも未婚率が高いことを指摘できる。計算や使用するデータの簡便さに加え，推定を含まざるを得ない分析の確からしさを担保できるという点も踏まえて，東京圏出身者数（A＋B）は流出を考慮しない封鎖人口として計算する。

こうした仮定を置いたことで国勢調査と完全生命表から得られる任意の年齢時点での人口は，東京圏居住者数（A＋B＋C＋D＋E），東京圏出身者数（A＋B），流入者数（C＋D＋E），東京圏外居住者数（F＋G＋H），東京圏居住の未婚者数（A＋C），東京圏居住の既婚者数（B＋D＋E），東京圏外居住の未婚者数（F），東京圏外居住の既婚者数（G＋H）である。

6.1.3　未婚女性人口の推定

東京圏出身者（A＋B）を10～14歳人口を基準とした封鎖人口としたので，任意の年齢時における東京圏外居住者（F＋G＋H）と流入者（C＋D＋E）の合計は東京圏外出身者を意味する。このとき，未婚者数について未婚の流入者数（C）を共通項とする以下の2式が成立する。

$$U_{th}(i, x) + U_m(i, x) = U_t(i, x) \cdots\cdots ① 式$$
$$U_{sh}(i, x) - U_m(i, x) = U_s(i, x) \cdots\cdots ② 式$$

i はコーホート，x は年齢 x～$x+4$ 歳（$x=20, 25, 30, 35$）を意味し，$U_{th}(i, x)$ は i コーホート，x～$x+4$ 歳の東京圏出身の未婚者数（A）である。同一コーホート，年齢において $U_m(i, x)$ は未婚の流入者数（C），$U_t(i, x)$ は東京圏居住の未婚者数（A＋C），$U_{sh}(i, x)$ は東京圏外出身の未婚者数（C＋F），$U_s(i, x)$ は東京圏外居住の未婚者数（F）である。

この2式で実績値が得られるのは，両式の右辺にあたる東京圏居住の未婚者数（A＋C，$U_t(i, x)$）と東京圏外居住の未婚者数（F，$U_s(i, x)$）のみである。そこで，実績値が得られない残りの3分類の未婚人口を，それらの推定値が①式と②式を同時に満たすよう，両式への推定値の代入を繰り返す収束計算（以下，単に収束計算という）によって推定する。東京圏出身の未婚者数（A，$U_{th}(i, x)$），未婚の流入者数（C，$U_m(i, x)$）東京圏外出身の未婚者数（C＋F，

$U_{sh}(i, x)$）の初期値は，それぞれ i コーホート，$x \sim x+4$ 歳の東京圏出身者数（A＋B），流入者数（C＋D＋E），東京圏外出身者数（C＋D＋E＋F＋G＋H）に，同一コーホート，年齢の全国未婚率を乗じた値とし，$\overline{U_{th}}(i, x)$，$\overline{U_m}(i, x)$，$\overline{U_{sh}}(i, x)$，と表記する。例えば1971〜75年コーホートの30〜34歳の場合，全国の未婚率は32.2％であり，$\overline{U_{th}}(i, x)$ は 1,209,073×32.2％＝389,361，$\overline{U_m}(i, x)$ は 199,407×32.2％＝64,215，$\overline{U_{sh}}(i, x)$ は 3,495,152×32.2％＝1,125,552 となる。

収束計算の手順を図6-2に示している。初期値の設定に関して，$r_j(i, x)$ は i コーホート，$x \sim x+4$ 歳の全国未婚率であり，同一コーホート，年齢について，$P_{th}(i, x)$ は東京圏出身者数（A＋B），$P_m(i, x)$ は流入者数（C＋D＋E），$P_{sh}(i, x)$ は東京圏外出身者数（C＋D＋E＋F＋G＋H）である。まず，①式と②式の $U_{th}(i, x)$，$U_m(i, x)$，$U_{sh}(i, x)$ に，それぞれの初期値である $\overline{U_{th}}(i, x)$，$\overline{U_m}(i, x)$，$\overline{U_{sh}}(i, x)$ を代入する。①式において，左辺の合計が右辺に合致するよう，左辺の2項に同率の補正比 $\alpha(1)$ を乗じて補正する。カッコ内の数値は補正した回数を意味している。①式で補正された未婚の流入者数（C）である $\alpha(1) \cdot \overline{U_m}(i, x)$ でも②式が成立しなくてはならない。②式でも①式と同様に，両辺が一致するように左辺の2項に補正比 $\beta(1)$ を乗じて補正する。1回目の収束計算の結果は，$U_m^{(1)} = \alpha(1) \cdot \beta(1) \cdot \overline{U_m}(i, x)$ となり，これを再び①式に代入して $\alpha(2)$ を作成し，補正して $U_m^{(2)}$ を作成する。この作業を n 回繰り返し，$|\alpha(n)-1|$ と $|\beta(n)-1|$ がともに0.001以下となった時点で収束計算を終了する。推定結果は，

$$U_{th}(i, x) = U_{th}^{(n)}(i, x) = \prod_{k=1}^{n} \alpha(k) \cdot \overline{U_{th}}(i, x),$$

$$U_m(i, x) = U_m^{(n)}(i, x) = \prod_{k=1}^{n} \alpha(k) \cdot \prod_{k=1}^{n} \beta(k) \cdot \overline{U_m}(i, x),$$

であり，それぞれ東京圏出身の未婚者数（A）と未婚の流入者数（C）の確定値とする。1971〜75年コーホートの30〜34歳の場合，n＝4で収束しており，他のコーホート，年齢でもほぼ同様の回数で収束計算は終了している。

図 6-2 未婚者数推定の収束計算手順（n は補正回数）

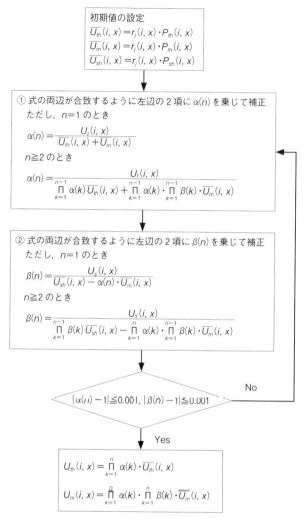

注：① 式と ② 式は本文参照

6.1.4 既婚女性人口の推定

6.1.3で東京圏出身の未婚者数（A）と未婚の流入者数（C）が決定するので，東京圏出身者数（A＋B）と流入者数（C＋D＋E）との差から東京圏出身の既婚者数（B）と既婚の流入者数（D＋E）が得られる。ここで初婚を経験した場所に着目すると，「既婚の流入者のうち，初婚経験前に東京圏に流入した女性（D）」と，「東京圏外居住の既婚者のうち，東京圏内で初婚を経験した女性（G）[3]」はともに東京圏内で初婚を経験し，「既婚流入者（E）」と「東京圏外居住の既婚者のうち東京圏外で初婚を経験した女性（H）」は東京圏外で初婚を経験している。国勢調査では初婚を経験した場所によって分類されるような人口は得られないが，人口動態統計からは1年間に結婚生活に入った初婚者数を妻の年齢別，都道府県別に得ることができる。これを各年に各都道府県で発生した初婚件数と捉え，東京圏内で発生した15歳以上女性の初婚件数をコーホート別に累積した値を東京圏内で初婚を経験した既婚者数（B＋D＋G）とし，同様に東京圏外で発生した15歳以上女性の初婚件数をコーホート別に累積した値を東京圏外で初婚を経験した既婚者数（E＋H）として利用する。

人口動態統計の婚姻関係の捉え方は婚姻届の集計による法律婚ベースになっているが，国勢調査の結婚状態に関する統計は事実婚ベースであり，両者の情報は一致しない。また，人口動態統計では届出遅れ等の理由で，実際に1年間に発生した初婚件数とは一致しないことが指摘されている（厚生省人口問題研究所 1989，別府 2007）。こうした理由に加え，国際移動と初婚経験後の死亡が発生するため，人口動態統計から得られるコーホート別累積初婚件数は，国勢調査のコーホート別既婚者数とは一致しない。ここでの分析は国勢調査人口のデータを基準とするため，人口動態統計から得る全国女性のコーホート別累積初婚件数が，国勢調査人口の全国女性のコーホート別既婚者数に合致するように補正を加えることとした。全国値の比較から得る補正比は，iコーホート，$x \sim x+4$歳の既婚女性人口（国勢調査）を，iコーホート，$x \sim x+4$歳時点での女性累積初婚件数（人口動態統計）で除した値である（$x=20, 25, 30, 35$）。この補正比を東京圏内と東京圏外で発生した累積初婚件数に乗じて，$x \sim x+4$

歳までに東京圏内で初婚を経験した既婚者数（B＋D＋G），x～x＋4歳までに東京圏外で初婚を経験した既婚者数（E＋H）とする。東京圏内，東京圏外で発生した累積初婚件数を既婚者数に補正するにあたり全国データを経由するのは，人口移動の影響により，地域別に人口動態統計の累積初婚件数と国勢調査の既婚者数を比較しても補正比に相当する値が得られないためである。そのため，全国値を両地域の補正比として採用しているが，全国値によって地域別の累積初婚件数を補正するということは，累積初婚件数と既婚者数の違いに地域差がないと仮定していることになる。実際に東京圏内と東京圏外の補正比が全国値からどの程度乖離しているかはわからないが，少なくとも全国レベルで人口動態統計と国勢調査の情報が一致しているため，補正を行わないケースと比べて，静態統計である国勢調査人口と人口動態統計との整合性は担保されていると判断している。既に東京圏出身の既婚者数（B）は得られているため，補正後の東京圏で初婚を経験した既婚者数（B＋D＋G）との差から，集団D＋Gの数を得ることができる。

　ここまででD＋G，E＋H，D＋E，G＋Hがそれぞれ得られている。D，E，G，Hに関して行和と列和が得られている状態にあるので，IPF法[4]による収束計算で4値の推定を試みる。第5回人口移動調査（2001年7月1日現在のデータ）の個票データを独自に集計してD：GとE：Hを算出し，それぞれをD＋G，E＋Hに乗じた値を収束計算の初期値としてIPF法を実施した。表6-1は20～29歳と30～39歳の集計結果および初期値に利用した比を示している[5]。第5回人口移動調査でのDの抽出条件は「性別」が女，「中学卒業時の居住地」が東京圏外，「初婚直後の居住地」が東京圏，「現在の居住地」が東京

表6-1　東京圏外出身の既婚者の初婚時の居住地と現住地との関係

		初婚時の居住地			
		20～29歳		30～39歳	
		東京圏内（D＋G）	東京圏外（E＋H）	東京圏内（D＋G）	東京圏外（E＋H）
現住地	東京圏外（G＋H）	G 25.0%（n＝12）	H 99.2%（n＝470）	G 20.5%（n＝27）	H 97.4%（n＝1,054）
	東京圏内（D＋E）	D 75.0%（n＝36）	E 0.8%（n＝4）	D 79.5%（n＝105）	E 2.6%（n＝28）

資料：第5回人口移動調査

110　第Ⅲ部　少子化と人口移動との関係

圏であり，Gの抽出条件は前3項目がDと同じで，「現在の居住地」が東京圏
外である。Eの抽出条件は「性別」が女，「中学卒業時の居住地」が東京圏外，
「初婚直後の居住地」が東京圏外，「現在の居住地」が東京圏であり，Hの抽出
条件は前3項目がEと同じで，「現在の居住地」が東京圏外である。サンプル
数を確保するために10歳階級で集計している。1971〜75年コーホートの30〜
34歳の場合，D＋G＝126,761，E＋H＝2,296,740であり，Dの初期値は126,761
×79.5％＝100,833，Eの初期値は2,296,740×2.6％＝59,435，Gの初期値は
126,761×20.5％＝25,928，Hの初期値は2,296,740×97.4％＝2,237,305である。
誤差が0.1%以下になった時点で収束計算を終了する。1971〜75年コーホート
の30〜34歳の場合，10回で収束計算は終了している。他のコーホート，年齢
でもほぼ同様の回数で値は収束しており，この収束計算の結果でD，E，G，
Hを確定する。

　以上のプロセスを経て，図6-1で示した女性の8分類別人口が推定されるこ
とになる。表6-2に推定結果をコーホート別に集計している。

表6-2　8分類別女性人口推定結果（A〜Hは図6-1を参照）

1941〜45年コーホート

	20〜24歳	25〜29歳	30〜34歳	35〜39歳
A	541,438	164,891	71,820	51,461
B	212,670	586,007	676,038	693,248
C	317,300	110,012	48,391	33,280
D	107,264	370,063	408,998	406,274
E	22,083	42,418	72,368	66,982
F	2,275,989	559,489	233,983	167,730
G	15,284	66,879	115,568	125,741
H	1,109,127	2,702,280	2,993,417	3,034,756

1946〜50年コーホート

	20〜24歳	25〜29歳	30〜34歳	35〜39歳
A	656,081	216,000	100,712	73,757
B	226,330	663,433	775,984	799,861
C	388,227	132,209	57,474	41,645
D	114,138	381,931	401,865	412,205
E	23,662	43,184	68,681	67,611
F	2,811,992	774,360	324,350	236,178
G	15,671	77,253	137,897	146,954
H	1,145,155	3,079,026	3,449,994	3,528,496

1951〜55年コーホート

	20〜24歳	25〜29歳	30〜34歳	35〜39歳
A	533,028	210,907	98,218	70,189
B	201,342	521,612	632,449	658,251
C	314,813	106,560	48,805	34,328
D	101,444	248,534	280,060	286,626
E	21,551	30,379	56,327	56,696
F	2,273,627	750,103	316,495	226,887
G	13,976	58,799	99,401	103,349
H	1,046,599	2,533,478	2,926,617	2,992,610

1956〜60年コーホート

	20〜24歳	25〜29歳	30〜34歳	35〜39歳
A	582,420	259,272	125,103	91,042
B	131,210	452,968	585,583	617,684
C	239,802	91,334	43,217	29,805
D	44,966	144,850	170,309	175,284
E	12,371	26,058	48,459	42,925
F	2,170,776	822,919	357,428	260,954
G	6,790	31,633	58,014	70,384
H	658,526	2,006,008	2,416,459	2,523,193

第 6 章　東京圏に居住する女性の未婚率の比較分析　　111

表 6-2（続）：8 分類別女性人口推定結果（A〜H は図 6-1 を参照）

1961〜65 年コーホート

	20〜24 歳	25〜29 歳	30〜34 歳	35〜39 歳
A	756,901	412,217	212,194	149,937
B	134,993	478,142	676,389	736,284
C	199,979	90,015	43,248	29,052
D	27,917	92,621	116,108	120,050
E	10,483	20,467	33,585	33,856
F	2,299,972	1,079,274	519,111	367,227
G	4,202	22,035	53,579	58,353
H	556,211	1,716,342	2,268,741	2,409,039

1966〜70 年コーホート

	20〜24 歳	25〜29 歳	30〜34 歳	35〜39 歳
A	952,186	572,990	330,792	226,218
B	122,952	500,433	740,553	842,349
C	194,304	95,758	55,046	33,270
D	20,542	76,224	101,446	95,105
E	6,729	13,839	31,614	35,511
F	2,494,238	1,379,616	746,566	526,645
G	3,766	24,442	47,770	43,024
H	434,819	1,564,246	2,179,264	2,351,683

1971〜75 年コーホート

	20〜24 歳	25〜29 歳	30〜34 歳	35〜39 歳
A	1,086,776	722,562	443,263	311,524
B	126,413	488,766	765,811	894,763
C	186,231	104,606	69,604	46,887
D	19,229	63,235	90,821	93,408
E	4,497	13,725	38,981	49,101
F	2,872,651	1,735,954	1,002,046	713,853
G	5,574	20,556	35,934	32,482
H	459,492	1,572,804	2,257,765	2,499,517

1976〜80 年コーホート

	20〜24 歳	25〜29 歳	30〜34 歳	35〜39 歳
A	895,247	636,340	372,195	249,374
B	83,967	341,353	603,861	724,678
C	182,172	117,673	70,925	49,233
D	15,437	54,906	78,123	90,555
E	3,998	13,997	43,180	56,776
F	2,485,315	1,602,376	918,967	641,297
G	4,038	13,165	22,392	22,626
H	368,561	1,183,068	1,811,764	2,076,656

1981〜85 年コーホート

	20〜24 歳	25〜29 歳	30〜34 歳	35〜39 歳
A	771,804	552,581	313,919	
B	68,008	286,030	523,405	
C	162,814	110,688	66,363	
D	13,017	47,418	70,597	
E	3,143	14,619	44,409	
F	2,174,517	1,396,550	800,190	
G	3,461	8,926	16,752	
H	294,611	970,033	1,542,639	

1986〜90 年コーホート

	20〜24 歳	25〜29 歳	30〜34 歳	35〜39 歳
A	680,176	487,215		
B	54,899	246,974		
C	135,213	91,583		
D	9,537	33,958		
E	2,854	16,074		
F	1,856,372	1,213,499		
G	2,220	4,855		
H	234,214	810,053		

1991〜95 年コーホート

	20〜24 歳	25〜29 歳	30〜34 歳	35〜39 歳
A	665,011			
B	43,132			
C	116,397			
D	5,840			
E	2,852			
F	1,704,870			
G	1,028			
H	176,950			

6.2 未婚率の差の推移

6.1 で東京圏出身の未婚者数 (A), 東京圏出身の既婚者数 (B), 未婚の流入者数 (C), 既婚の流入者数のうち, 初婚経験前に東京圏に流入した女性数 (D) が推定できたので, 東京圏出身者の未婚率 $\left[\dfrac{A}{A+B}\right]$ と未婚流入者の未婚率 $\left[\dfrac{C}{C+D}\right]$ を計算できる。これらと全国の未婚率を図 6-3 に示している。いずれのコーホート, 年齢でも未婚流入者, 東京圏出身者, 全国の順に未婚率が高いという結果が得られた。ここでは未婚流入者と東京圏出身者の未婚率の差を分析するので, まず両者のコーホート間の差の変化に着目しよう。20〜24 歳は未婚率の差が小さく, 新しいコーホートでは差がより小さくなってほとんどなくなる。25〜29 歳の差は徐々に広がっている。それほど大きな差とはなっていないものの, 1986〜90 年コーホートでは差の拡大が確認できる。30〜34 歳と 35〜39 歳は, 新しいコーホートほど差が拡大する傾向が顕著に見られる。また, 30〜34 歳は 1981〜85 年コーホートで, 35〜39 歳は 1976〜80 年コー

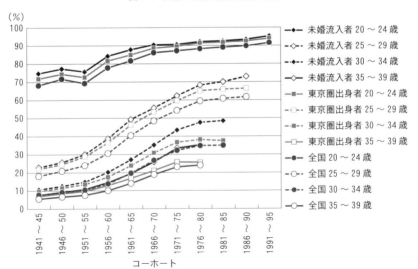

図 6-3　女性の未婚率推定結果の比較

ホートで東京圏出身者の未婚率が低下している。推定を含んだ値ではあるが，30〜34歳の1976〜80年コーホートもほとんど未婚率の上昇がなく，2010年前後に東京圏出身者の未婚化傾向がやや弱まった可能性を示唆している。

では，これらの未婚率の差はどのように変化してきたのだろうか。図6-4は未婚率のポイント差（未婚流入者の未婚率－東京圏出身者の未婚率）を示している。20〜24歳では1961〜65年コーホートまで3ポイント程度を維持したのが，1966〜70年コーホート以降は縮小し，1981〜85年コーホートを底にして拡大に転じている。ただし，その値は2ポイント未満であり，未婚率の差自体は大きくない。それに対し，30〜34歳と35〜39歳の未婚率の差は，新しいコーホートほど拡大する傾向が顕著に見られ，1981〜85年コーホートが30〜34歳で11.0ポイント，1976〜80年コーホートが35〜39歳で9.6ポイントとなっている。25〜29歳の差は30歳代ほどの大きさではないが，1986〜90年コーホートではやや拡大し，6.6ポイントに達している。また，25〜29歳では1961〜65年コーホートから1966〜70年コーホートにかけて一時的な縮小が見られる。この時期は1990年から1995年の間であり，バブル崩壊後の就職が困難な経済状況となっている時期である。東京圏内で就職できなかった未婚の流入者ほどUターンする傾向が強く，既婚の流入者の方が東京圏内に残留しや

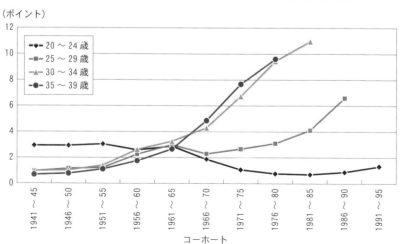

図6-4　未婚率のポイント差（未婚流入者の未婚率－東京圏出身者の未婚率）

すかったことが，この縮小の原因と考えられる。すなわち，未婚の流入者のU
ターン移動によって既婚の流入者が相対的に増加するために未婚流入者の未婚
率が低下し，東京圏出身者の未婚率との差が縮小したということである。

　この未婚率の差をコーホート間で比較すると明確な差異を確認できる。
1941〜45年コーホートから1951〜55年コーホートでは，20〜24歳の差が3ポ
イント程度あるが，25〜29歳では1ポイント程度に縮小し，それ以降大きな
変化はない。1956〜60年コーホートと1961〜65年コーホートでは，前3コー
ホートに比べて明確な変動パターンはないものの，35〜39歳で差が最小にな
る点は共通している。それに対し，1966〜70年コーホート以降は加齢に伴っ
て未婚率の差が顕著に拡大し，35〜39歳で最大となっている。つまり，
1961〜65年コーホート以前では，未婚流入者は結婚するタイミングが遅いも
のの結果的には東京圏出身者の結婚の水準に近づいていたが，1966〜70年コー
ホート以降では未婚流入者は結婚を遅らせており，東京圏出身者よりも晩婚・
非婚の傾向が強くなっているということである。

　1966〜70年コーホート以降のコーホートが25〜29歳以上の年齢になるのは
1995年以降であり，1990年代半ば以降の東京圏の転入超過の拡大の時期と重
なっている。また，中川（2005）が指摘する「高学歴女性の東京圏への選択的
移動の顕在化」の時期とも重なっている。こうした点を踏まえると，バブル崩
壊後に進学や就職目的で東京圏に流入する未婚女性が相対的に増加し，東京圏
に残留する傾向が強まったことで東京圏の転入超過が拡大しており，同時にそ
うした女性が結婚を遅らせるため，未婚流入者の未婚率を高水準で維持するこ
とに結びついていると考えられる。

6.3　少子化と人口移動との関係

6.3.1　未婚流入者の結婚行動が晩婚化に与える影響

　6.2で1966〜70年コーホート以降，未婚流入者の晩婚化傾向が強くなって
いることが明らかとなった。では，彼女らの結婚行動は東京圏または全国の晩

婚化にどう影響しているのだろうか。つまり，東京圏出身者と比較した時の未婚流入者の未婚率の相対的高さが，東京圏または全国の未婚率をどの程度上昇させているのかということである。そこで，未婚率の差（未婚流入者の未婚率－東京圏出身者の未婚率）が東京圏と全国の未婚率を上昇させる効果を影響ポイントと呼ぶこととし，それぞれの値を ③ 式と ④ 式から算出した。

$$I_t(i, x) = \left[r_t(i, x) - \frac{U_{th}(i, x) + r_{th}(i, x) \cdot P_{umm}(i, x)}{P_t(i, x)} \right] \times 100 \cdots\cdots③ 式$$

$$I_j(i, x) = \left[r_j(i, x) - \frac{U_{th}(i, x) + r_{th}(i, x) \cdot P_{umm}(i, x) + U_s(i, x)}{P_j(i, x)} \right] \times 100 \cdots\cdots④ 式$$

$I_t(i, x)$ は i コーホート，年齢 $x \sim x + 4$ 歳における未婚流入者の未婚率の相対的高さが東京圏の未婚率に与える影響ポイント，$I_j(i, x)$ は全国の未婚率に与える影響ポイントであり，$r_t(i, x)$ は東京圏の未婚率，$r_j(i, x)$ は全国の未婚率，$r_{th}(i, x)$ は東京圏出身者の未婚率，$P_t(i, x)$ は東京圏人口（A＋B＋C＋D＋E），$P_j(i, x)$ は全国人口（A＋B＋C＋D＋E＋F＋H），$P_{umm}(i, x)$ は未婚流入者（C＋D），$U_{th}(i, x)$ は東京圏出身の未婚者（A），$U_s(i, x)$ は東京圏外居住の未婚者（F）である。影響ポイントは，国勢調査から得られる実際の東京圏と全国の未婚率から，未婚流入者の未婚率が東京圏出身者の未婚率と同値であると仮定した場合の東京圏と全国の未婚率仮定値を減じた値として計算される。

　図 6-5，図 6-6 に影響ポイントの計算結果を示している。影響ポイントの推移パターンを見ると $I_t(i, x)$，$I_j(i, x)$ ともに同様の変化をしている。20〜24 歳の影響ポイントは，1951〜55 年コーホートから一貫して縮小し，1981〜85 年コーホート以降にやや拡大する傾向が見られるものの，1971〜75 年コーホート以降はおおむね横ばいと見てよい。25〜29 歳以降は新しいコーホートで影響ポイントが拡大する傾向があり，25〜29 歳では 1976〜80 年コーホートから，30 歳代では 1966〜70 年コーホートから拡大が始まっている。非常に急激な拡大傾向であり，今のところ，この傾向が弱まる様子はなく，今後も同様の傾向が継続することが予想される。しかし，$I_t(i, x)$ は最大でも 1.5 ポイント程度，$I_j(i, x)$ は最大でも 0.45 ポイント程度である。これは 1981〜85 年コーホートの 30〜34 歳で，東京圏の未婚率を 35.9％から 37.3％へ，全国の未婚率を 34.5％から 34.9％に上昇させるに過ぎない。未婚流入者の未婚率が東京圏出身者より

116　第Ⅲ部　少子化と人口移動との関係

図6-5　未婚率の差（未婚流入者の未婚率―東京圏出身者の未婚者）による東京圏未婚率への影響ポイント（$I_t(i, x)$）

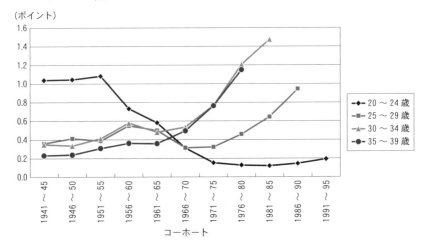

図6-6　未婚率の差（未婚流入者の未婚率－東京圏出身者の未婚者）による全国未婚率への影響ポイント（$I_j(i, x)$）

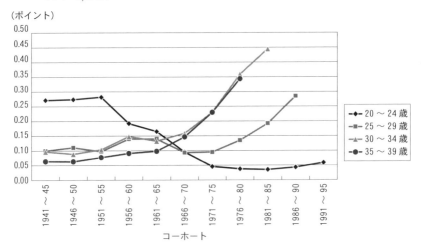

も高く，東京圏および全国の未婚率を上昇させる効果があることは示されたものの，その影響は今のところ限定的であるといえよう。6.2で見たように，未婚率の差（未婚流入者の未婚率－東京圏出身者の未婚率）が特に30歳代で拡

大しているにも関わらず，影響ポイントがそれほど大きくならないのは，新し
いコーホートほど未婚流入者の人口規模が縮小していることが原因としてあげ
られる。表 6-2 の推定結果では，30〜34 歳で未婚流入者（$C+D$）が全国人
口に占める割合は 1941〜45 年コーホートから 1981〜85 年コーホートにかけて
9.9％から 4.1％に低下する一方，東京圏出身者（$A+B$）が全国人口に占める
割合は 16.2％から 24.8％へ上昇している。そのため，未婚率の差が顕著に拡大
しているのに比べて，東京圏と全国の未婚率に対する影響ポイントはそれほど
大きくなっていないと考えられる。

　図 6-5 と図 6-6 の結果は，未婚流入者の結婚行動が東京圏や全国の未婚率上
昇の主たる要因ではないということを示す一方で，未婚率を上昇させる方向に
確実に作用しており，下降させる効果はないということも示している。した
がって，現時点では影響ポイントが限定的であっても，未婚流入者の結婚行動
は晩婚化を促進する効果があるということである。

6.3.2　移動晩婚相互作用仮説

　ここまでの分析結果を踏まえ，少子化の局面における家族形成行動と人口移
動との関係について，図 6-7 のような構造を提起したい。少子化が第二の人口
転換とも呼ばれる現象であることは既に述べたが，第二の人口転換の考えは，
欧米諸国の出生率の低下の原因を家族や子どもに対する価値観の変化に求める
ものであった。それらの変化は離婚・同棲・婚外子出生の増加という形で捉え
られるが，こうした変化は日本では明確には観測できない。

　しかし，阿藤（1997）は，日本でも女性の高学歴化・雇用労働力率の上昇と
いった女性の社会進出を後追いする形で，それに関わる価値観の変化（女性の
労働，結婚，出産，老親扶養など）が発生し，20 歳代女性のシングル化が進
行した可能性を指摘しており，こうした価値観の変化が結婚や家族形成に作用
しているという考えがある（伊東 1997，福田 2002）。また，出生率低下に
よって生じた結婚行動と出産行動に関する価値観の変化が，フィードバックし
て出生率低下を促進させるという関係も報告されている（Retherford et al.
1999）。これらの研究成果を踏まえると，女性の社会進出によって晩婚化が進

行して出生率が低下し，その結果発生する価値観の変化が翻って女性の社会進出を促進する原因になっているという循環構造が全国レベルで存在していると考えることができる（図6-7上部楕円「全国レベルでみた少子化のメカニズム」）。

ここまでの分析結果が示しているのは，バブル崩壊後の進学や就職目的で東京圏に流入する女性が相対的に増加したことによって東京圏の転入超過が拡大していること，また1966〜70年コーホート以降の未婚流入者がとりわけ30歳代で晩婚化傾向の強い集団となっており，彼女らの結婚行動が東京圏，全国の晩婚化を促進させているということである。つまり，東京圏をめぐる女性の移動パターンの変化の結果として，東京圏や全国の未婚率が上昇するという関係であり（図6-7下部楕円「少子化を促進する移動のメカニズム」），このメカニズムは「全国レベルでみた少子化のメカニズム」における，女性の社会進出が晩婚化を促進するプロセスのサブメカニズムに相当している。女性の社会進出

図6-7 少子化と人口移動の連関構造（移動晩婚相互作用仮説の枠組み）

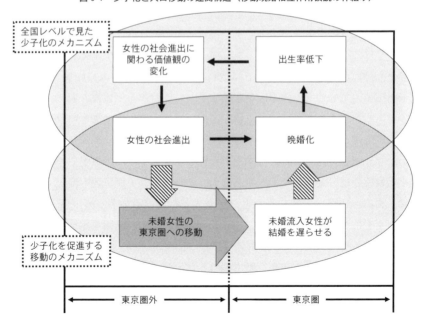

の背景には男女雇用機会均等法をはじめとする制度の整備があり，それによって地方出身の女性が東京圏で就職することが以前よりも容易になったということを踏まえれば，女性の社会進出と女性の進学・就業目的の移動の拡大はパラレルの関係にあるといえる。全体としては「全国レベルでみた少子化のメカニズム」の循環過程は「少子化を促進する移動のメカニズム」によって，より強化される構造になっていると考えられる。

　この少子化と人口移動の連関構造を「移動晩婚相互作用仮説」と命名したい。これを少子化の局面における家族形成行動と人口移動との関係を捉える新しい分析枠組みとして提起するとともに，第二の人口転換と第二の人口移動転換との関連性を示すものであるとして，本研究の結論としたい。

6.4　第Ⅲ部のまとめと考察

　第Ⅲ部では，第Ⅱ部で得られた1960〜70年代コーホートで潜在的他出者仮説の有効性が弱くなっているという分析結果に着目し，これらの新しいコーホートではどのような家族形成行動と人口移動との関係が生じているのかということを明らかにすることを試みた。

　日本では1990年頃から明確な少子化状態になっており，その主たる要因である晩婚化は人口転換後世代の1960年代以降のコーホートが牽引している。少子化は第二の人口転換とも呼ばれる現象であり，伊藤（1984）が提示した人口転換が人口移動転換に結びつくという枠組みから考えると，第二の人口転換も第二の人口移動転換に結びつくという命題が想起される。これが命題足りうるには，第二の人口移動転換が存在しているのか，もし存在するならば，第二の人口転換と第二の人口移動転換にはどのような関連性があるのかを明らかにすることが必要である。これが第Ⅲ部の基底を成す問題意識であり，少子化と人口移動への接近である。

　少子化と人口移動との関係について考えるにあたり，近年確認される人口移動の顕著な変化である1990年代半ば以降の東京圏の転入超過の拡大に着目した。分析の結果，この転入超過の拡大には女性の移動傾向の変化が大きく寄与

しており，以前よりも東京圏に流入する女性が相対的に増加し，彼女らが東京圏に留まっている可能性が示唆された。1990年代以降に20〜30歳代という移動率の高い年齢になるのは1960年代以降のコーホートであり，これらの世代の地域間移動が東京圏の転入超過の拡大の中心になっている。そしてこの世代が少子化を牽引する晩婚化世代であることを踏まえると，少子化と東京圏の転入超過の拡大に何らかの関連性があることが想起される。第6章では，この関連性を考えるための探索的な取り組みとして，移動傾向の変化がより顕著である女性に着目し，東京圏内で出身地による結婚行動の違いがあるのかを明らかにするため，未婚状態で東京圏に流入した女性（未婚流入者）と東京圏出身の女性（東京圏出身者）の未婚率の比較を行った。

　全国の女性を，出身地，現住地，配偶関係属性，初婚経験地によって8つに分類し，未婚流入者と東京圏出身者の未婚率をそれぞれ計算し，その差を分析した。その結果，1966〜70年コーホート以降，30〜34歳と35〜39歳で未婚率の差（未婚流入者の未婚率−東京圏出身者の未婚率）が顕著に拡大していることが明らかとなった。つまり，新しいコーホートほど未婚流入者は結婚を遅らせており，東京圏出身者に比べて晩婚化傾向が強い集団になっているということである。

　次に未婚率の差（未婚流入者の未婚率−東京圏出身者の未婚率）が東京圏と全国の未婚率をどの程度上昇させているのかを検討し，未婚流入者の結婚行動が東京圏や全国の晩婚化に対しどのように影響しているのかを明らかにすることを試みた。その結果は東京圏の未婚率を最大で1.5ポイント程度，全国の未婚率を最大で0.45ポイント程度上昇させるに過ぎず，限定的な効果であった。これは未婚流入者の結婚行動が未婚率上昇の主たる要因ではないことを示すと同時に，未婚流入者の結婚行動は東京圏や全国の未婚率を低下させず，上昇させる方向に作用していることを示している。つまり，未婚流入者の結婚行動には，晩婚化を促進させる効果があるということである。

　こうした分析結果を踏まえ，少子化と人口移動との関係を捉える新しい分析枠組みとして「移動晩婚相互作用仮説」を提起した。この枠組みは，少子化を促進する移動のメカニズムが，全国レベルでみた少子化のメカニズムをより強化するサブメカニズムとして機能しているという関係性を示している。少子化

と人口移動との関係という視点で進めた第Ⅲ部の分析からは，1960年代以降の新しいコーホートでは，移動晩婚相互作用仮説として提起したような晩婚化および少子化と女性の人口移動との関係が存在しており，家族形成行動と人口移動との関係は，伊藤が潜在的他出者仮説で提起したものとは違った形に変容しているということが明らかとなった。

　第Ⅲ部の結論を踏まえ，未婚流入者が東京圏出身者に比べて結婚しない理由について，少し考察を加えたい。国立社会保障・人口問題研究所の第14回出生動向基本調査の独身者調査（2012）は，1970年代以降出生の世代の未婚者を主な調査対象としており，結婚・家族に関する意識で，「結婚後は，夫は外で働き，妻は家庭を守るべきだ」に反対する割合は男女ともに60％を超えている一方で，「少なくとも子どもが小さいうち，母親は仕事を持たずに家にいるのが望ましい」に賛成する割合は男女とも70％を超えている。ここから指摘できるのは，女性が働くことに関しては男女ともに賛成する社会となってきたが，子育ては女性が担当するという意識は根強く残っているということである。「結婚したら，子どもは持つべきだ」に賛成する割合も男女とも7割を超えており，したがって，女性は男性よりも結婚の際にその後の出産を見据えて就業との選択を強く意識し，葛藤することが結婚を回避する原因になっていると考えられる。これは，結婚を考えたときに気になることに関して，「仕事（または学業）の時間を自由にとれるか」の割合が男性よりも女性の方が顕著に高いことからも指摘できる（前者は男性17.5％，女性31.7％）。進学移動を含めた高学歴の女性流入者が就業への強い意思を持っていると考えるならば，この葛藤が東京圏出身者よりも大きく，結婚を躊躇することになっているのかもしれない。また，未婚流入者は子育ての際に母親の支援を期待できないため，結婚をためらうことになっているとも考えられる。つまり，育児環境が整えられていたとしても，病時保育などの緊急時に安心できるのは親族のサポートであり，それを期待できるかできないかということが結婚をするにあたって重要な要素になっている可能性があるということである。こうした考えは，離家が初婚を早めるという知見に対し，実際の結婚行動が出身地の違いや離家の目的，離家後の居住地，離家によって発生した親との地理的な距離などによって異なることを示唆しているとも言えるだろう。

第Ⅲ部の分析は人口移動に関するデータの制約上，いくつかの仮定を置いたシミュレーションになっている。だが，新しいコーホートほど未婚流入者の方が東京圏出身者よりも晩婚化傾向が強くなっており，未婚流入者の結婚行動が全国的な晩婚化を促進する効果があるという分析結果は十分に説得的なものであるし，少子化や初婚に伴う家族形成行動について「地域」や「移動」の要素が意味を持ちうることを指摘できるものであった。そして，少子化のメカニズムに女性の人口移動という要素を加えることによって，少子化の背景にある家族形成問題に関する新たな視点が得られるということも示すことができたといえるだろう。

第IV部

結　　語

第7章

結論と成果，展開可能性

　伊藤は潜在的他出者仮説による人口移動分析から，「日本社会が家の継承・人口再生産の維持をその社会の基本的前提条件としていることに変わりない」という結論を導き出していた。これは日本の家族が変化していないということを指摘しているとも表現できる。本研究では，この潜在的他出者仮説の有効性を独自の手法でより精緻に検証し，1956〜60年コーホートを転換点として，1960年代以降のコーホートでは後継ぎ要員が非大都市圏から流出したままUターンしていない状態が非大都市圏全域に見られることを見出した。これらの新しいコーホートでは，自県内に家の継承に必要となる後継ぎ要員に相当する人口が確保できておらず，潜在的他出者仮説の有効性が非常に弱い状態になっていることを明らかにした。さらにそこには大きな地域的差異があり，後継ぎ要員を確保できない状態が継続した県では地域の人口再生産構造が崩れ，早くから人口が自然減に転じている可能性も示唆されている。こうしたことは，コーホートや地域によっては後継ぎが親と同居・近居するという直系家族制規範の力が弱くなっていることを示しており，伊藤が分析できなかった新しいコーホートにおいて，家族のありようが変わっているという結論が得られたということである。

　その結論をもとにして，潜在的他出者仮説が有効ではなくなった1960〜70年代コーホートが，晩婚化を牽引する世代であると同時に1990年代半ば以降の東京圏の転入超過の拡大の中心を担っている点に着目し，少子化と人口移動との関係という視点を発想した。これは潜在的他出者仮説が提示する，人口転換が人口移動転換を引き起こすという枠組みをもとにして，第二の人口転換である少子化と第二の人口移動転換に相当する現象との関係を探索的に検討する

ものであった。1990年代半ば以降の東京圏の転入超過の拡大に際して，より移動の変化が顕著に表れている女性に着目し，1966〜70年コーホート以降，未婚状態で東京圏に流入した女性（未婚流入者）が東京圏出身の女性よりも晩婚化傾向の強い集団になっていることを明らかにした。その結果をもとに，人口移動が全国レベルの少子化のメカニズムを強めるという枠組みとして，移動晩婚相互作用仮説を提起した。このように潜在的他出者仮説の検証を通じて直系家族制規範に基づく家族形成行動と人口移動との関係が存在しなくなるコーホート，地域を明らかにしたことと，少子化と人口移動との関係という視点から家族形成行動と人口移動との関係を捉えるための新しい分析枠組みを提起したことが，本研究の結論であり成果である。

　伊藤は潜在的他出者仮説において，直系家族制規範に基づく家族形成行動は変化がないため，人口転換による出生と死亡の変化が人口移動を変化させている，すなわち，人口転換が人口移動転換を引き起こすという一方向の因果関係を提示していた。それに対し，本研究が提示する少子化と人口移動との関係については，女性の社会進出に伴う価値観の変化が，全国の少子化の原因となると同時に女性の東京圏への人口移動を促進しており，その移動者の結婚行動が少子化をさらに促進するという関連性が想定されている。これは家族形成行動と人口移動との関係が一方向の因果関係ではなく，相互に関連し合う循環構造になっていることを意味している。この枠組みは，家族形成行動と人口移動との関係の新しい捉え方を提起している点で，本研究の結論が持つ学術的な新規性となっている。

　本研究の成果は以下のような点で意義がある。まず有力な仮説と考えられながら，これまで十分に検証されてこなかった潜在的他出者仮説の有効性を検証した点である。そして，その結果をもとに少子化と人口移動との関係を捉える新しい枠組みを提起したという点は，人口移動を移動者の家族属性から説明する研究として，人口移動研究における学術的な意義を有している。さらに少子化や結婚に伴う家族形成行動について「地域」や「移動」の要素が意味を持ち得るという知見は，少子化研究に地理的要素を取り入れることの重要性を主張することにつながるだろう。また，直系家族制規範がどのように変容しているのかという点は家族社会学者の中でも意見が一致していない。本研究では，親

との同居・近居に関する規範が中心ではあるものの，直系家族制規範が1960年代以降のコーホートで明確に崩れたという結果を得ており，これは直系家族制規範に決定的な変化は起きていないとする落合（2004）の主張とも，1930〜40年代コーホートから直系家族制規範が弱まったとする森岡（1993，2005）の主張とも異なっている。本研究の分析結果は，直系家族制規範に関する研究に新しい知見を提供できるといえるだろう。

　もう1つの意義は，本研究の分析指標が政策的含意を有しているという点である。新しいコーホートほど後継ぎ要員が非大都市圏から流出するようになっているということは，それだけ非大都市圏に居住する親世代が，高齢者のみの世帯を形成する機会が増加することを意味している。第4章で分析した後継者充足率は，こうした子世代のサポートを期待できない高齢者の増加に伴って発生する問題の深刻度を示す指標としても効果を発揮するだろう。また第6章で分析したように，未婚流入女性は東京圏出身女性よりも晩婚化傾向が強い集団であり，彼女らが東京圏に居住し続けるということになれば，20〜30年後に地域との関わりが乏しく，かつ家族的なサポートを得られない孤立的な高齢単独世帯の増加につながる可能性がある。未婚流入者の未婚率の相対的高さは，このような傾向が新しいコーホートほど強くなることを示唆しており，こうした孤立的な高齢単独世帯への対策を議論するにあたっての基礎的な資料となり得る。

　本研究の結論および成果は，以上のようにまとめることができる。本研究は，家族形成行動と人口移動との関係について，新しい枠組みを提示することができた。しかし，この枠組みが今後も有効であるとは限らないだろう。家族形成行動と人口移動との関係は今後どのように変化していくのだろうか，それを明らかにするにはどのような研究が必要となるのだろうか。こうした点に本研究の展開可能性がある。

　まず，取り組むべき研究として，移動晩婚相互作用仮説の精緻化があげられる。本研究では探索的な取り組みということもあり，東京圏をめぐる人口移動と少子化との関連性の解明に終始した。これを都道府県単位で検証する方法を考案すれば，少子化と人口移動との関係に関する地域的差異を把握することができ，移動晩婚相互作用仮説をより精緻化することができるだろう。その際に

は地域的差異を生む要因についても検討する必要があり，第4章で述べたように若年労働市場や就業需給等の地域的差異，あるいは文化・家族の地域性との関係を明らかにすることも求められよう。また，東京圏の転入超過の拡大ではない「第二の人口移動転換」の捉え方を考えるという方向性もありうる。人口移動の変化として，どのような点に注目するかによって，今回提起した移動晩婚相互作用仮説とは異なった形で，少子化と人口移動との関係を捉えることが可能となるかもしれない。

　潜在的他出者仮説にしろ，移動晩婚相互作用仮説にしろ，家族形成行動が人口移動に影響を及ぼしているという考えのもとで発想された仮説である。しかし，こうした枠組み自体が変わる，すなわち，家族形成行動が人口移動を決定せず，人口移動が家族形成行動を縛らない，ということになるという視点も，人口移動と家族形成行動との関係の変容を考える上で必要になる可能性がある。例えば，人口移動とライフステージとの関係に着目すると，晩婚化が進み，生殖家族形成のタイミングが遅くなっており，それに伴って子育てが開始されるタイミングも遅くなっている。しかし，平均余命の伸長，高齢期の健康状態の向上により，子育ての期間は相対的に短くなっており，ライフステージにおける家族形成期間外の人口移動がより重要性を増してくると考えられる。こうした動きは，高齢期の人口移動として既に顕在化しており，人口移動研究の新しい分析視角を見出すことにつながるだろう。

　子どもの離家や出稼ぎ，単身赴任という形で家族全員が同居していない状況は，これまでにも当然のように存在していた。ただし，これまではほとんどの場合，「実家」と表現できるような，家族の多くが居住する場所，親戚を含め家族が集まる場所があった。ところが，3世代世帯が少なくなり，子どもが進学や就職を機に大都市圏へ流出したまま戻らなくなっているなかで，父が単身赴任ということになれば，母のみが「実家」に暮らすという状況になる。その母が利便性を考慮して都市部に移住する，あるいは介護のために祖父母の家に移り住むということになれば，「実家」がなくなり，家族が散り散りに生活することになる。こうした状況は，平均きょうだい数の減少，寿命の伸長という人口学的条件に加え，衰えの見えない東京一極集中の潮流において，以前よりも生じやすくなっていると考えられる。また結婚を遅らせること，結婚しても

128　第Ⅳ部　結　語

子どもを持たないことが個々人の幸福追求によって起こっているという考えが
ある。こうした幸福追求が従来の家族形態や居住スタイルを変化させ，家族と
しての精神的・経済的なつながりを持ちつつも，地理的なつながりが希薄化す
るような新しい家族の形態が生まれてくるのかもしれない。そうした家族の形
態に着目することで，家族形成行動と人口移動との関係について，新しい理論
的な枠組みを見出すこともできるだろう。

注　釈

〈第 1 章の注釈〉

1) 東京圏：埼玉県・千葉県・東京都・神奈川県

　　名古屋圏：岐阜県・愛知県・三重県

　　大阪圏：京都府・大阪府・兵庫県・奈良県

　　の計 11 都府県である。本研究で使用する大都市圏は全てこの分類である。

2) Zelinsky（1971）の著名な「人口移動転換仮説」が存在するが，この仮説は人口移動の変化を社会の近代化に関連付けるものであり，本研究で扱う地域人口移動パターンの大きな変化を意味する人口移動転換とは意味が異なっている。

3) 黒田はこの両者をあわせて U ターンと称した。

〈第 2 章の注釈〉

1) 清水（1982）は日本の相続制度について，長男が家の相続者となる長子相続，男女に関わらず初生の子を家に残す初生子相続または姉家督相続，末男が家に残留する末子相続，いずれの子を残すかは一定せず，親の選択に任せる選定相続に類別できるとしている。

2) 図 2-1 では後継ぎの配偶者が第 2 子を示すように見えるが，図作成の都合であり，出生順位に依存するものではない。

3) 国勢調査の有配偶女子の平均出生児数。1970 年国勢調査まで集計されていた。

4) 「子ども数」を 10～14 歳人口，「母親数」を 35～39 歳と 40～44 歳女性人口の平均値と定義すると，1 夫婦当たりの潜在的他出者数を「成人子ども数−2」と定義しているので，ある地域の潜在的他出者数は男女年齢別人口を用いて次式から計算できる。

$$POM(t) = P(10\sim14, t) - 2 \times \{(PF(35\sim39, t) + (PF(40\sim44, t)) \div 2\}$$
$$= P(10\sim14, t) - (PF(35\sim39, t) + (PF(40\sim44, t))$$

　　ただし $POM(t)$ は t 年の潜在的他出者数，$P(10\sim14, t)$ は t 年の 10～14 歳人口，$PF(35\sim39, t)$ と $PF(40\sim44, t)$ は t 年の 35～39 歳と 40～44 歳の女性人口である。

5) こうした表現から推察するに，伊藤の問題意識は人口移動を直系家族制規範を媒介にした家族形成行動から説明することにあるのではなく，人口移動の変化を

130 　注　釈

根拠として日本社会に直系家族制規範が残存していることを証明することにあったと思われる。

〈第 3 章の注釈〉
1 ）累積純移動率とは，コーホート別に任意の年齢までの純移動率を累積した値であり，過去に発生した移動の結果としてコーホート人口がどのように変化したのかを追跡することができる。
2 ）河邉（1985）p.12
3 ）例えば男子について，1 年間の出生総数にしめる出生順位別出生数の割合（全国値）を第 1 子，第 2 子，第 3 子，第 4 子以降の順に見ると，1955 年は 33.1％，26.4％，19.1％，21.4％，1960 年は 44.5％，31.2％，14.6％，11.4％となっており，5 年間で大きく割合が変化している。
4 ）出生順位は男女混合の順位であり，出産順位も同様である。
5 ）出産順位別出生数は死産の子どもの順位もカウントされるが，出生順位別出生数にはカウントされない。例えば，1 人目の子どもが死産であった場合，2 人目の子どもの出産順位は第 2 子であるが，出生順位は第 1 子になるというように順位の不一致が生じる。0 歳時点ですでに死亡している者を含むデータを用いると，後継ぎの数が過少になると考えられるため，ここでは出生順位別出生数を必要としている。
　　なお，人口動態統計で出生児数の順位は 1978 年までは第 1 児，第 2 児……だが，1979 年以降は第 1 子，第 2 子……に変更されている。本書では 1979 年以降の「子」で表記を統一している。
6 ）例えば，1970 年の補正比（出生順位別出生数÷出産順位別出生数）は，第 1 子，第 2 子，第 3 子，第 4 子の順に 1.015，1.003，0.971，0.885 である。
7 ）長男数計算に必要な出生順位別・出産順位別出生数データは 1954 年の人口動態統計以降で入手できる。1951〜53 年の人口動態統計には全国の出生順位別出生数の表章がなく，都道府県別の出産順位別出生数も性別で得られない。そこで 1951〜53 年については，出産順位と出生順位の補正比は 1954 年の値を用いて都道府県別の出生順位別出生数（男女計）を計算し，1954 年の都道府県別の出生順位別出生数の性比によって出生順位別出生数を男女に分解している。1950 年以前は全国の出産順位別出生数も公表されていないため，人口動態統計から長男数を算出できるのは 1951 年以降である。
8 ）0〜4 歳人口において，4 歳人口は 4 年以上生存しているが，0 歳人口は 1 年も生存しておらず，出生以降に経験する死亡リスクは一様ではない。乳幼児死亡率の大きいコーホートも分析対象に含めていることから，出生年別に 0〜4 歳とし

注 釈　131

て集計する国勢調査年までの生残率を設定し，この間の死亡を可能な限り厳密に表現している。

9）世帯動態調査では，コーホートが期首年を5の倍数とするように集計されている。それに対し，本書のデータ分析ではコーホートの期末年を5の倍数としている。厳密には1年間のずれがあるものの，大きな差はないと考え，例えば世帯動態調査の1925〜29年コーホートの長男割合を1926〜30年コーホートの0〜4歳人口に乗じて長男数を算出するというように利用している。後述する女のみきょうだい長女数でも同様である。

10）第2章2.1を参照。

11）1937年以降の人口動態統計で母の年齢別出生数（男女別）が得られるが，それ以前と一部の年で取得できない。それらのデータは以下のように処理した。

⑴　1931〜1936年

1937年の母の年齢別出生数から算出する年齢別出生率と，国立社会保障・人口問題研究所の人口統計資料集による1930年の年齢別出生率とで，同じ年齢の出生率が直線的に変化したと仮定し，1931〜36年までの年齢別出生率を推定する。それと総務省統計局「人口推計」との積を当該期間の年齢別出生数（男女計）とし，1937年の母の年齢別出生性比で男女別に分解した。

⑵　1944年，1945年

この2年間は母の年齢別出生数が得られない。そこで総務省統計局「人口推計」の女性の各歳別人口に対し，1940年の年齢別出生率（子どもの男女別）を与えて得られる母の年齢別出生数期待値の合計が，当該年の出生総数と合致するように母の年齢別出生数を一律に補正した。

⑶　1946年

母の年齢別出生数は10〜12月の出生に関してのみ得られる（男女別）。この期間の出生数の母の年齢別分布（出生総数に占める母の年齢別出生数の割合）が1年間を代表するものであると仮定し，それを年間の総出生数に与えて当該年の母の年齢別出生数とした。

⑷　1966年，1967年

この2年間は，母の年齢各歳別出生数が性別に得られない。母の年齢5歳階級別であれば性別出生数が得られるため，各歳別出生数に同一年齢5歳階級別出生性比を乗じて，母の年齢各歳別出生数（男女別）とした。

12）ここでは生残率として，国勢調査の全国人口から得るセンサス間生残率を用いている。これには国際移動としての純移動率も含まれることになり，母世代人口の分析対象コーホートの子どもの有無，子世代コーホート人口の後継ぎであるか否かによらず，いずれの属性でも純移動率は同じであると仮定していることに

132　注　釈

なる。

〈第 4 章の注釈〉

1) ここでいう U ターンは，ある都道府県の出身者が一度流出した後，出身都道
府県または親の居住する都道府県に移動することを指すものとし，移動先の市町
村が自分の出身市町村や親の居住する市町村であるか否かは問わない。

2) 非大都市圏は，三大都市圏に属する 11 都府県（第 1 章注釈 1)）と沖縄県を除
いた 35 道県である。本章の分析では同様の分類を使用している。

3) ただし，後継者充足率がマイナスとなるコーホートが多かった九州地方では自
然減少に転じるタイミングが特別早くはない。したがって，自然減少に転じるタ
イミングは後継ぎ要員を確保できたかどうかだけではなく，別の要因も影響して
いると考えた方がよいだろう。

〈第 5 章の注釈〉

1) 岩澤（2002）によると，合計出生率が 2 を超えていた 1970 年代から 2000 年ま
での出生率低下に対する寄与は，結婚行動の変化が 7 割，出産行動の変化が 3 割
である。また，国立社会保障・人口問題研究所が発行する人口統計資料集では，
合計出生率の要因分解において有配偶出生率は上昇しており，出生率の低下は専
ら有配偶率の低下によることも示されている。

2) 江崎（2002）は，長野県出身男性を対象とした U ターンに関するアンケート
調査を実施している。その中で，U ターンを検討したものの結果的に断念した
「U ターン非実行者」が U ターン検討時に障害になったものとして，「子どもの
学校を変えたくなかった」，「妻が近所・親戚などの人間関係を維持したがった」，
「妻が（妻の）仕事を変えたがらなかった」等をあげており，世帯を取り巻く
様々な状況が人口移動に影響を及ぼし，U ターン実行を阻んでいることを指摘
している。また第 3 回人口移動調査（厚生省人口問題研究所 1991）の結果から
も，過去 5 年間の都道府県間移動率は既婚者よりも未婚者の方が高いことが示さ
れている（詳細は第 6 章注釈 2)）。

3) 生殖家族（family of procreation）は親の世代から見た家族であり，自分の意
志で配偶者を選択して形成した家族である。反対に　定位家族（family of
orientation）は子の世代から見た家族であり，自分が生まれ育った家族を意味し
ている。

4) 人口移動は 20〜30 歳代を中心に偏って発生する人口事象であるため，仮に年
齢別移動率が一定であっても若年人口の減少によって移動数は減少する。した
がって，転入数が一定であることは転入率が上昇している可能性があることを意

味している。小池（2017）は人口移動の標準化から得られるモビリティ比を分析
測度とし，東京特別区の転入数が 2000 年以降横ばいであるものの，各都道府県
からの転入モビリティは上昇しており，人口移動パターンとしては東京都区部へ
の集中傾向が強まっていることを見出している。

5）コーホート・シェアは大江（2000）に詳しい。ここで使用するコーホート・
シェアは，より正確に表現するならば対全国コーホート・シェアである。本書で
は特に断りがない限り，コーホート・シェアの値は全て対全国コーホート・シェ
アである。コーホート・シェアを用いた地域人口推計手法であるコーホート・
シェア延長法は，神奈川県や新宿区，柏市，横浜市等の地方自治体の将来人口推
計に採用されており，コーホート・シェアは地域人口分析，地域人口推計のツー
ルとして普及しつつある。

6）コーホート A，地域 i の 15〜19 歳から 20〜24 歳のコーホート・シェアの上昇
ポイントは以下の計算式のように表現できる。なお，国際人口移動は考慮してい
ない。

$$\frac{P_i^A(20-24)}{P^A(20-24)} - \frac{P_i^A(15-19)}{P^A(15-19)}$$

$$= \frac{P_i^A(15-19) \times s_i^A(15-19 \rightarrow 20-24) + NM_i^A(15-19 \rightarrow 20-24)}{P^A(15-19) \times s^A(15-19 \rightarrow 20-24)} - \frac{P_i^A(15-19)}{P^A(15-19)}$$

$P^A(15-19)$ はコーホート A の 15〜19 歳全国人口，$P_i^A(15-19)$ はコーホート
A の 15〜19 歳地域 i 人口，$s^A(15-19 \rightarrow 20-24)$ は全国のコーホート A の 15〜
19 歳から 20〜24 歳にかけての生残率，$s_i^A(15-19 \rightarrow 20-24)$ は地域 i のコーホー
ト A の 15〜19 歳から 20〜24 歳にかけての生残率，$NM_i^A(15-19 \rightarrow 20-24)$ は地
域 i のコーホート A の 15〜19 歳から 20〜24 歳にかけての純移動数である。

全国と地域 i の死亡率の差が十分に小さい，すなわち両者の生残率を同値と捉
える場合，上記式は以下のように表される。

$$\frac{P_i^A(20-24)}{P^A(20-24)} - \frac{P_i^A(15-19)}{P^A(15-19)}$$

$$= \frac{P_i^A(15-19)}{P^A(15-19)} + \frac{NM_i^A(15-19 \rightarrow 20-24)}{P^A(15-19) \times s^A(15-19 \rightarrow 20-24)} - \frac{P_i^A(15-19)}{P^A(15-19)}$$

$$= \frac{NM_i^A(15-19 \rightarrow 20-24)}{P^A(20-24)}$$

すなわちコーホート A，地域 i の 15〜19 歳から 20〜24 歳のコーホート・シェ
アの上昇ポイントとは，この間に発生する純移動数を期末全国人口で除した値で
あり，純移動人口のコーホート・シェアを示すことになる。したがって，コー
ホート・シェアの変化は人口移動の結果として解釈できる。

134 　注　釈

7 ）25〜29 歳以降は流入と流出の両方が発生しているため，この値が大きいから
　　といって東京圏に流入した人口が留まっていると直ちに判断することはできな
　　い。しかし，還流移動のコーホート間差異のおおよその傾向をつかむという意図
　　で，東京圏に流入した人口の残留度合いを示す指標として利用している。
8 ）2002 年（平成 14 年）就業構造基本調査の地域編第 56 表「居住開始時期，転
　　居理由，男女，転居前の居住地転居者数」を利用している。2007 年（平成 19 年）
　　調査では常住地移動の項目に転居理由に関する表がなく，2012（平成 24 年）調
　　査では転居理由に関する表はあるものの過去 5 年間の理由のみとなっており，
　　2002 年調査で可能であったコーホート間の比較分析はできない。
9 ）未婚率を分析指標として利用しており，分析対象となる結婚行動は初婚行動で
　　ある。離婚や再婚については分析対象としていない。

〈第 6 章の注釈〉

1 ）第 5 回人口移動調査（国立社会保障・人口問題研究所 2001）によると，「中学
　　卒業時の居住地」が東京圏内である女性のうち「現在の居住地」が東京圏内であ
　　る割合は，20〜24 歳，25〜29 歳，30〜34 歳，35〜39 歳の順に 95.4 ％（n＝194），
　　95.6 ％（n＝275），94.2 ％（n＝260），91.1 ％（n＝224）である。なお，この数値
　　は当該調査の個票データを独自に集計して算出している。
2 ）第 3 回人口移動調査（厚生省人口問題研究所 1991）の表 21 で，「男女別，配
　　偶関係別 5 年前の常住地」のデータを集計し，女性について 5 年前の常住地が他
　　の都道府県である確率，すなわち過去 5 年間の都道府県間移動率を計算すると，
　　未婚者は 10.1 ％（n＝4,697）で既婚者は 6.6 ％（n＝9,753）である。なお，5 年前
　　の常住地が「外国」，「生まれていない」，「不詳」は除いている。
3 ）東京圏出身者（A＋B）は流出を考慮しない封鎖人口としているため，集団 G
　　に該当するのは東京圏外出身で東京圏に流入し，東京圏内で初婚を経験した後，
　　東京圏外へ流出した女性のみとなる。
4 ）IPF 法とは，各属性の周辺分布が既知である時，逐次的に周辺分布の比率にあ
　　てはめていき，収束値として未知である分割表の中身を推定する手法である（浅
　　見・木戸 1998）。
5 ）表 6-1 において，20〜29 歳の E＋H，30〜39 歳の D＋G，E＋H は十分にサンプ
　　ル数が多いが，20〜29 歳の D＋G はサンプル数が 48 しかなく，D：G にやや不
　　安定性がある。しかし，D，E，G，H の中では H の規模が大きく，20 歳代では
　　概ね 90 ％以上を占める（表 6-2）。この収束計算結果は，H の規模によって多く
　　の部分が決定されており，E＋H のサンプル数が十分に多いことを踏まえると，
　　20〜29 歳の D：G が多少不安定であったとしても大きな問題にはならない。

20〜29歳のＤ：Ｇを 80：20，70：30 と上下に 5 ポイント幅を持たせたケースも試算したが，収束結果の比への影響は ±2 ポイント程度であり，6.2 の未婚率の差の分析で得られる知見にはほとんど影響が見られなかった。

引用文献

浅見泰司・木戸浩司（1998）「国勢調査住宅関連統計の IPF 法による度数分布表推計の精度：東京大都市圏を例として」『日本建築学会計画系論文集』514, pp.185-189.

阿藤　誠（1992）「日本における出生率の動向と要因」河野稠果・岡田實編『低出生率をめぐる諸問題』シリーズ・人口学研究 2, 大明堂

阿藤　誠（1994）「未婚化・晩婚化の進展―その動向と背景―」『家族社会学研究』6, pp.5-17.

阿藤　誠（1997）「日本の超少産化現象と価値観変動仮説」『人口問題研究』53-1, pp.3-20.

石川義孝（1994）『人口移動の計量地理学』古今書院

石川義孝（2001）『人口移動転換の研究』京都大学学術出版会

磯田則彦（1995）「わが国における 1980 年代後半の国内人口移動パターンと産業構造の変化」『経済地理学年報』第 41 巻, pp.83-99.

伊藤　薫（1990）「地域間分配所得格差と人口移動：所得格差説の再検討と年齢構造の重要性（1955 年～1986 年）」『経済科学』37-4, pp.293-318.

伊藤達也（1984）「年齢構造の変化と家族制度からみた戦後の人口移動の推移」『人口問題研究』172, pp.24-38.

伊東秀章（1997）「未婚化をもたらす諸要因」『家族社会学研究』9, pp.91-98.

井上　孝（2002）「人口学的視点からみたわが国の人口移動転換」荒井良雄・川口太郎・井上孝編『日本の人口移動　ライフコースと地域性』古今書院, pp.53-70.

岩澤美帆（2002）「近年の期間 TFR 変動における結婚行動および夫婦の出生行動の変化の寄与について」『人口問題研究』58-3, pp.15-44.

江崎雄治・荒井良雄・川口太郎（1999）「人口還流現象の実態とその要因―長野県出身男性を例に―」『地理学評論』Vol.72, pp.645-667.

江崎雄治（2002）「戦後日本の人口移動　―地方圏出身者の移動と人口分布変動―荒井良雄・川口太郎・井上孝編『日本の人口移動　ライフコースと地域性』古今書院, pp.1-14.

大江守之（1995）「国内人口分布変動のコーホート分析―東京圏への人口集中プロセスと将来展望―」『人口問題研究』51-3, pp.1-19.

大江守之（2000）「新しい地域人口推計手法による東京圏の将来人口」『第 35 回日

本都市計画学会学術研究論文集』pp.1087-1092.

大友　篤（1996）『日本の人口移動―戦後における人口の地域分布変動と地域間移動―』大蔵省印刷局

大淵　寛（2004）「少子化と人口政策の基本問題」大淵寛・阿藤誠編著『少子化の政策学』原書房，pp.1-32.

大淵　寛（1997）『少子化時代の日本経済』日本放送出版会

落合恵美子（2004）『21世紀家族へ［第3版］―家族の戦後体制の見かた・超えかた』有斐閣

金子隆一（2004）「少子化過程における夫婦出生力低下と晩婚化，高学歴化および出生行動変化効果の測定」『人口問題研究』60-1，pp.4-35.

蒲生正男（1960）『日本人の生活構造序説』誠信書房

河邉　宏（1985）「コーホートによってみた戦後日本の人口移動の特色」『人口問題研究』175，pp.1-15.

岸本　實（1981）『日本の人口特性』二宮書店

熊谷文枝（1997）「日本の家族の地域性と多様性」熊谷文枝編著『日本の家族の地域性（上）』ミネルヴァ書房，pp.19-51.

黒田俊夫（1970）「人口移動の転換仮説」『人口問題研究』113，pp.15-30.

黒田俊夫（1976）『日本人口の転換構造』古今書院

黒田俊夫（1983）『日本人口論』時潮社

小池司朗（2006）「出生行動に対する人口移動の影響について―人口移動は出生率を低下させるか？―」『人口問題研究』62-4，pp.3-19.

小池司朗（2009）「人口移動と出生行動の関係について―初婚前における大都市圏への移動者を中心として―」『人口問題研究』65-3，pp.3-20.

小池司朗（2014）「人口移動が出生力に及ぼす影響に関する仮説の検証―「第7回人口移動調査」データを用いて―」『人口問題研究』70-1，pp.21-43.

小池司朗（2017）「東京都区部における「都心回帰」の人口学的分析」『人口学研究』第53号，pp.23-45.

厚生省人口問題研究所（1991）「第3回人口移動調査」（調査研究報告資料第6号）

厚生省人口問題研究所（1989）「わが国女性の世代結婚表：1950～87年―配偶関係別人口割合の推定―」（研究資料第261号）

河野稠果（1995）「配偶関係と出生力」日本統計協会編『現代日本の人口問題』日本統計協会

国立社会保障・人口問題研究所（1996）「現代日本の世帯変動―第3回世帯動態調査―」（調査研究報告資料第10号）

国立社会保障・人口問題研究所（1999）「現代日本の世帯変動―第4回世帯動態調

査─」（調査研究報告資料第 16 号）

国立社会保障・人口問題研究所（2001）「日本における近年の人口移動─第 5 回人口移動調査─」（調査研究報告資料第 20 号）

国立社会保障・人口問題研究所（2004）「現代日本の世帯変動─第 5 回世帯動態調査─」（調査研究報告資料第 21 号）

国立社会保障・人口問題研究所（2006）「日本における近年の人口移動─第 6 回人口移動調査の結果から─」（調査研究報告資料第 25 号）

国立社会保障・人口問題研究所（2009）「現代日本の世帯変動─第 6 回世帯動態調査─」（調査研究報告資料第 28 号）

国立社会保障・人口問題研究所（2012）「わが国独身層の結婚観と家族観─第 14 回出生動向基本調査（結婚と出産に関する全国調査）第 II 報告書─」（研究報告資料第 30 号）

国立社会保障・人口問題研究所（2012）『人口統計資料集 2012』（人口問題研究資料第 325 号）

国立社会保障・人口問題研究所（2014）「現代日本の世帯変動─第 7 回世帯動態調査─」（調査研究報告資料第 34 号）

清水浩昭（1982）「世帯および家族の構造」三浦文夫・岡崎陽一編『高齢化社会への道』中央法規出版，pp.143-183.

清水浩昭（1985）「家族形態の地域性」『人口問題研究』176，pp.33-37.

清水昌人（2010）「近年における大都市圏の転入超過の分析」『人口問題研究』66-1，pp.1-16.

菅　圭太（2011）「離家の遅れと未婚化　日米比較分析」阿藤誠・西岡八郎・津谷典子・福田亘考編『少子化時代の家族変容　パートナーシップと出生行動』東京大学出版会，pp.69-93.

杉本竜紀（2002）「釧路の街直撃する太平洋炭鉱閉山（特集 地域経済の疲弊と労働者）」『月間労働組合』436，2002.2，pp.13-16.

人口問題審議会編（1974）『日本の人口の動向』大蔵省印刷局

人口問題審議会編（1984）『日本の人口・日本の社会，高齢化社会の未来図』東洋経済新報社

高橋眞一（2010）「人口転換と地域人口」高橋眞一・中川聡史編『地域人口からみた日本の人口転換』pp.1-14，古今書院

谷　謙二（2002）「大都市圏郊外の形成と住民のライフコース」荒井良雄・川口太郎・井上孝編『日本の人口移動　ライフコースと地域性』古今書院，pp.71-90.

田原裕子・岩垂雅子（1999）「高齢者はどこへ移動するか─高齢者の居住地移動研究の動向と移動流─」『東京大学人文地理学研究』13，pp.1-53.

田淵隆俊（1987）「地域間所得格差と地域間人口移動」『地域学研究』17，pp.215-226.

堤　研二（2006）「高島炭鉱閉山に伴う人口流出の分析」『大阪大学大学院文学研究科紀要』46（2），2006.3，pp.1-113.

津谷典子（2011）「未婚化の原因　ジェンダーからみた学歴と雇用」阿藤誠・西岡八郎・津谷典子・福田亘考編『少子化時代の家族変容　パートナーシップと出生行動』東京大学出版会，pp.19-44.

富田祥之亮（1982）「農村血族の展開・拡散と親族関係」農村開発企画委員会『農村血族の継承と拡散の動態』総合研究開発機構，pp.108-109.

中川聡史（2001）「結婚に関わる人口移動と地域人口分布の男女差」『人口問題研究』57-1，pp.25-40.

中川聡史（2005）「東京圏をめぐる近年の人口移動－高学歴者と女性の選択的集中－」『国民経済雑誌』191-5，pp.65-78.

中川聡史（2010）「1920～30年代の人口移動と潜在的他出者」高橋眞一・中川聡史編『地域人口からみた日本の人口転換』古今書院，pp.193-210.

西原　純・斉藤　寛（2002）「産業のリストラクチャリング期における炭鉱閉山と三階層炭鉱労働者の帰趨　―長崎県三菱高島炭鉱の事例―」『人文地理』54-2，pp.1-22.

野尻重雄（1947）『農民離村の実証的研究』岩波書店

平井　誠（1999）「大都市郊外地域における高齢者転入移動の特性―埼玉県所沢市の事例―」『地理学評論』Ser.A，72（5），pp.289-308.

平井　誠（2007）「高齢者による都道府県間移動の地域性」石川義孝編『人口減少と地域―地理学的アプローチ―』pp.129-147，京都大学学術出版会

平井　誠（2011）「高齢人口の分布と移動」石川義孝・井上孝・田原裕子編『地域と人口からみる日本の姿』，pp.65-72，古今書院

福田亘考（2002）「少子社会の社会経済的背景」平山宗宏編著『少子社会と自治体』日本加除出版，pp.30-46.

藤井多希子・大江守之（2006）「東京大都市圏郊外地域における世代交代に関する研究　―GBIを用いたコーホート間比較分析（1980年～2020年）―」『日本建築学会計画系論文集』605，2006.7，pp.101-108.

別府志海（2007）「婚姻・離婚の分析における発生年齢について―同居時・別居時年齢と届出時年齢―」『人口問題研究』63-3，pp.42-57.

本多龍雄（1950）「日本人口問題の史的解析―「農村人口問題研究」のための一序説」『人口問題研究』6-2，pp.1-29.

溝口貴士（2002）「地方都市住民の居住経歴」荒井良雄・川口太郎・井上孝編『日

本の人口移動　ライフコースと地域性』古今書院，pp.113-129.

宮本みち子・岩上真珠・山田昌弘（1997）『未婚化社会の親子関係：お金と愛情にみる家族のゆくえ』有斐閣

森岡清美（1993）『現代家族変動論』ミネルヴァ書房

森岡清美（2005）『発展する家族社会学—継承・摂取・創造—』有斐閣

山口不二雄（1979）「人口の広域移動の諸形態」伊藤達也・内藤博夫・山口不二雄編著『人口流動の地域構造』大明堂，pp.273-285.

山田昌弘（1999）『パラサイト・シングルの時代』筑摩書房

湯沢雍彦（1988）「三十男の結婚難時代」『コミュニティ』84，No.80-81.

渡辺真知子（1994）『地域経済と人口』日本評論社

Otomo, A.(1981) "Mobility of elderly population in Japanese metropolitan areas." *The Journal of Population Studies* 4, pp.23-28.

Otomo, A. and Itoh, T.(1989) "Migration of the elderly in Japan." *Institute of Population Problems*, No.6.

Retherford, R. D., N. Ogawa, and S. Sakamoto (1999) 'Values and Fertility Change in Japan,' (R. Leete ed., *Dynamics of Values in Fertility Change*, Oxford: Oxford University Press), pp.121-147.

van de kaa, Dirk J.(1987) "Europe's Second Demographic Transition" *Population Bulletin*, Vol.42, No.1.

Zelinsky, W. (1971) "The hypothesis of the mobility transition" Geographical Review 61, pp.219-249.

あとがき

　まえがきでも述べているが，本書は筆者の博士論文を加筆修正したものである。この研究で非常に重要な役割を果たしている潜在的他出者仮説を提起した伊藤達也氏の論文を初めて読んだのは，大学3年の秋学期のことであった。大学の研究会で実際に人口データを分析するために利用した教材であり，筆者が初めて精読した論文でもある（筆者の母校である慶應義塾大学湘南藤沢キャンパスでは，いわゆるゼミのことを研究会と呼んでいる）。それ以来，博士論文執筆までの7年半，そしてさらに4年半の時を経て本書を執筆しており，足掛け13年間の付き合いとなった。

　これだけ長い間，根底の研究テーマを変えずに続けてこられたのは，初めて伊藤論文を読んだ時，潜在的他出者仮説の考えを素直に面白いと感じたことにあるのだろうと思う。経済的な変数で人口移動を説明しようとする理論よりも理解しやすく，魅力的な考えに見えたことを今でもよく覚えている。これには，潜在的他出者が大量に流入したことで拡大してきた大都市圏郊外に筆者が長く暮らしていたこと，筆者の父は長男だが離家してしまい潜在的他出者仮説が当てはまっていないこと，筆者自身も長男のために何らかの継承問題に向き合うことになるだろうこと等，何となく自分の周囲の環境と関連付けられることが多かったことも影響していたのかもしれない。筆者にとって幸運だったのは，指導教官が伊藤達也氏と面識があり，指導教官自身も以前から潜在的他出者仮説に関心を持っていたということである。そして，様々なアドバイスを受けながら「まだよくわかっていないことも多い」という潜在的他出者仮説の検証を研究テーマに据えることは，期せずして，まだ答えの出ていない課題に取り組むという研究活動の根本的な部分を早くから経験することになり，それがよかったのだろうと思う。まだ答えの出ていない課題であるから，研究のやり方も含めて全て自分で考える必要があった。どんなデータが存在しているのか，そうした既存統計をいかに組み合わせて分析方法を構築するか，ということを調べ，考えているうちに研究するのに必要な思考力や発想力が鍛えられた

ように思う。約60年分の人口動態統計のデータをコピーし，ひたすらテンキーでエクセルに入力したのもいい思い出である。時が経っても，潜在的他出者仮説の指摘していた家族形成と人口移動との関係が筆者にとっての大きな研究テーマであり続けている。また大学教員になった今，自分が感じた「面白い」という感覚を学生が持てるような機会を提供するように努めたいとも感じている。

　本書を執筆するにあたり，2015年国勢調査等の最新のデータが利用可能になっていたので，該当する部分を更新すればいいだろうと考えていたが，甘い見通しであった。あれだけ労力と時間をかけ，大学院の集大成として執筆した博士論文であったが，4年以上経って読み返してみると色々と気が付くところがあり，当時の未熟さを痛感することとなった。それはこの間に筆者自身が成長したせいかもしれないし，福井県に居住することで非大都市圏の見方が変わったこともあるのかもしれない。時間の許す限り手は尽くしたが，大幅な修正となる部分もあり（第3章の後継者理論値算出プロセスは，ほぼ新規のものとなった），力及ばなかった点もある。今後の研究活動の中で，いずれの日にか今回の心残りと相対したいと思う。

　本書刊行にあたり，筆者に人口研究に関心を持つきっかけを与え，多岐にわたるご助言を頂いた大江守之氏に謝意を表したい。また日本人口学会を始めとする大会での研究発表の機会に様々な方から貴重なご意見を頂いた。そうした方々への感謝とともに，それをまだ十分に活かせていないという反省を今後の研究の糧にしたいと思っている。残念ながら伊藤達也氏は若くして亡くなられている。もしご存命であれば，ご自身で潜在的他出者仮説をブラッシュアップし，最近の少子化問題についても興味深い見解を示されたであろうと思う。筆者の研究へのご意見を頂くこともできたかもしれない。直接お会いすることはかなわないが，ここに記すことで感謝の意を表したい。

　最後に，本書刊行の機会を提供して下さった文眞堂のご厚意と同社の前野弘太氏の御助力を記し，感謝する次第である。

　2017年12月

　　　　　　　　　　　　　　　　　　　　　　　　　　丸山　洋平

著者紹介

丸山　洋平（まるやま　ようへい）

福井県立大学地域経済研究所　特命講師
1983 年生まれ。慶應義塾大学大学院政策・メディア研究科後期博士課程単位取得退学。
博士（学術）。新宿区新宿自治創造研究所非常勤研究員，慶應義塾大学特任助教等を経
て，2015 年 4 月より現職。
専門は地域人口学，人文地理学，家族社会学

戦後日本の人口移動と家族変動

2018 年 1 月 31 日　　第 1 版第 1 刷発行　　　　　　　　　　検印省略

著　者　丸　山　洋　平

発行者　前　野　　　隆

東京都新宿区早稲田鶴巻町 533

発行所　株式会社　文　眞　堂

電話 0 3（3 2 0 2）8 4 8 0
FAX 0 3（3 2 0 3）2 6 3 8
http://www.bunshin-do.co.jp
郵便番号（162-0041）振替00120-2-96437

印刷・モリモト印刷　　製本・イマヰ製本所
© 2018
定価はカバー裏に表示してあります
ISBN978-4-8309-4975-3　C3025